二漁文化

跑出生命力。

不倒鬥士吳興傳

吳興傳　陳榮裕

目錄

推薦序

第二章　非典型青春期

可能跟我一樣想家，意氣用事的十八歲孩子，有一天回到寢室，手拿著槍坐在床上。一聲槍響，子彈穿過腦袋，倒下去。聽到消息時，我從所在的碉堡衝過去，他的眼睛還在一眨一眨。

第三章　不斷轉彎的跑道

國中時，臺灣退出聯合國，我去了陸軍士校；下部隊時，老蔣總統過世，我被前線氣氛壓得轉移陣地求生；退伍後，第一份工作遇到臺灣公路局改制，大量招考客運駕駛；覺得開車不是我的前途時，動物園剛好擴大開園，需要更多警衛。時代的輪子一直向我滾來，我無法閃躲。

第四章

他人的夢想

全盲的人無法獨自跑步，背後一定有人引導，而我就是那個背後的引導者，我深知「背後的價值」，也享受著。抵達終點的那種快活、那種滿足，我在背後，全部看到了。

第五章　同命鳥

將結婚喜鐘拿下來保養，指針卻因此突然停擺，事後回想，這是一種徵兆？

面對親人卻嚇得要命的經驗，從小一直種植在我體內，無法抹去。那是我國中二年級的某天下午，從學校被人叫回家。媽媽出事了。

第六章　有時陰影有時天光

那段時間，我的大兒子，一天到晚跟我吵架，吵到連警察都上門了，家裡的每一個門都被兒子踢破。我不知道如何和兒子吵架，我願意付出更多的代價，重新學習當一個父親。

第七章　騎跡再出發

很奇妙的是，當我開始想到要為其他癌友做些什麼，原本陷在癌病裡的恐懼不安，似乎轉移了。病後復健的跑步，每一步都更加有力氣。把這些人集中起來，需要一個引火的人，這個火一點，大家才會圍過來。

第八章

隨時隨地再爬起

講完「我要走」後，不敢看他們的臉，我掉頭搭上計程車離去。後來的環臺路上，我每天邊騎邊掉眼淚，真怕手機響起，萬一電話打來說我哥哥走了，我還能繼續騎下去嗎？

第九章　抗癌配方

你會帶什麼去探視罹癌的親友？帶一本醫師談如何抗癌、防癌的書？

如果你帶的是一、兩位「活跳跳」的癌友同往，一樣是罹癌，卻活得那麼健康、那麼強壯，這樣的人就站在面前，會有什麼效果？

後記

推薦序／

生命力與愛的力量

郝龍斌

三年前，我從廣播上聽到，吳興傳教練要帶領癌友騎單車環臺，以癌友親身的健康見證，推廣運動抗癌，希望更多罹癌者和家屬，走出來運動，但是缺乏多項資源，我覺得應該協助促成，主動打了電話給吳教練，問他需要什麼幫助，於是我們協調臺北市立聯合醫院安排支援隨隊醫護，在全程一千一百公里的環臺路上，守護不倒騎士們的安全和健康。

第一屆的抗癌勇士自行車環臺過程被拍攝為《騎跡13》紀錄片，我去出席紀錄片致贈儀式，再次親自向抗癌勇士們致敬。連續三年三屆，我都親自到環臺出發的地點，為他們打氣加油。吳教練對我說，雖然籌辦過程辛苦，「只要是做對的事情，就一定會有人響應！」我感受到癌友們騎車環臺的壯舉，就像是一趟「把勇氣傳出去」的旅程，我自己也喜歡騎單車，希望有一天我也能騎車參與環臺，把希望和勇氣與愛傳出去。

吳教練是我們臺北市的榮譽市民，我和他已認識很多年，從他引跑視障者跑步，辦理公益路跑活動，以及後來的為癌友而奔走，我都看到他正面積極強壯健康的那一面，讀了這本《跑出生命力——不倒鬥士吳興傳》後，我才知道，鬥士背後有那麼多波折和辛酸，他咬得住痛苦，跨越一個又一個，一次又一次的挑戰。

這本書裡，不但有吳教練個人成長奮鬥的故事，同時也是一個時代的故事，他出身臺北士林內雙溪，家庭是外省籍老兵和臺灣籍農女的組合，為了減輕家境負擔十五歲就自願從軍，他也是公路局改制為臺汽公司的第一代客運駕駛，木柵動物園的第一批駐衛警，他的人生不斷地遇到難關，他不斷撐住了，不斷轉念，也不斷學習如何突破，所以能不斷地找出生命的活路。

吳教練的勇者形象下，包裹著大腸癌三期的身軀，夫妻兩人同時罹癌治癌，但他不向命運低頭，積極配合療程，並且以運動抗癌的方式預防復發，連續三年帶領癌友完成自行車環臺活動，激勵了許多人從陰影走向陽光。他不只是一位鬥士，更是一個父親，書中描寫的他如何重頭學習做一位可以父代母職的爸爸，讀來令人動容，但也感動其中有強大愛的力量。

不倒騎士們每人都有充滿生命力與愛的故事，這是一本有生命力和愛的書，我祝福所有鬥士，推薦大家來感受這些生命力與愛的力量。

——本文作者郝龍斌為現任臺北市長，曾任環保署長與臺灣大學副教授

推薦序／

不倒勇士是一種信念的堅強

吳興傳，是一個有著三種不同身分的人生鬥士。他是投身公益、推動視障和肢障跑步健身風氣的知名馬拉松運動員；是臺灣抗癌協會的理事長，帶著癌友走出黑暗世界、走出病痛纏身的痛苦；也是不倒騎士團的一員，以騎自行車環臺，向生命做強悍的宣告，帶領癌友面對更多的陽光。

二〇〇八年底時，「看見希望的路口」視障環臺路跑活動從臺北一〇一大樓出發，預計十三天完成環臺一千一百公里的挑戰。我看到興傳當時帶領著阿甘張文彥全力以赴、突破困難的精神，並藉由活動推展至全臺，這種理想、勇氣至今仍讓我感動在心。之後的每一年，只要興傳舉辦不倒騎士環臺的活動，我都一定

胡志強

大力支持，因為我深深認同這種理念。

任何再強健的人，聽到自己罹癌的那一刻，都不免驚慌失措胡思亂想，不少人因此喪志消沉，快速流失活下去的力氣。興傳相信，在心靈最脆弱、最低潮的時候，癌友如果有機會接觸到抗癌成功的人，看到治癌抗癌後仍能健康快樂運動的真實案例，一定能有助於對抗病魔，於是他認為自己一定要站出來，「老天爺留我這條命，就是給我一個任務，去幫助許多人活命。」他是這樣期許著自己，頑強而鬥志高昂地證明：人生還有許多可以達到的不可能任務。

這本書完整的記錄興傳自己和他幫助過的癌友一路走來的心路歷程，他說：「二十年前我為了自己的光榮驕傲而跑，十年前我做公益陪視障者路跑，後十年我陪著癌友走出黑暗世界、走出病痛纏身的痛苦，迎向驕陽，我想這是老天爺給我的使命。」這句話為他的人生下了最好的註解。我向大家推薦這本《跑出生命力——不倒鬥士吳興傳》，一起來感受興傳信念的堅強。

——本文作者胡志強現任臺中市長，曾任外交部長及駐美代表

推薦序／為歲月增加生命

賴清德

連續三年，清德在臺南迎接挑戰自行車環臺的抗癌勇士，每一年見到吳興傳教練帶領「不倒騎士」面容自在地騎車前來，真為他們高興，他們永不放棄的精神，令人敬佩，他們散發的神采，令人動容，很多人和我一樣都被深深的鼓舞。

清德過去在醫界服務，體會到癌症對國人健康的威脅，因此在立委任內推動癌症防治法、安寧緩和醫療條例等，要求行政院跨部會整合癌症防治資源並增加預算，於北中南東各設一個癌症治療中心，帶動地方醫院癌症治療技術精進，並要求醫院定期發佈癌症治療成效以提升醫療品質等；隨著法制面的建立，癌症防治資源更加豐沛，又隨著醫藥科技的進步，許多疾病逐漸找到了克服的方法，但在與病友互動的療程中，更重要的是見證了「任何疾病都不可怕，只有絕望沒有藥醫」。

面對重大疾病，最有意義的幫助莫過於癌症病友的現身說法。從不倒騎士們的環島自行車之旅，鼓勵癌友們遇到困難毋須失志頹喪，藉由運動的活力可以促進身體健康狀態，甚至更進一步透過團體的支持，一起認識我們生長的臺灣這塊土地。

醫生為生命增加歲月，抗癌勇士則能幫助病友為歲月增加生命。吳興傳教練在《跑出生命力——不倒鬥士吳興傳》一書中，分享了他抗癌的經驗，以及面對生命中許多困境難關時，他如何不被打倒並找到希望，書中也有其他不倒騎士現身說法，他們都曾被癌病所困，但後來都能活得健康、活得精采，相信一定能幫助更多人找到生命的希望。

——本文作者賴清德現任臺南市長

推薦序／

樂活不倒　抗癌騎士

林聰賢

癌症自民國七十一年起已蟬聯國人死亡原因的第一位，臺灣每六分鐘就有一人罹患癌症。不論是衛生單位或醫師們總是告訴我們，癌症不可怕，以現今醫療技術進步，縱使是「癌症」的治癒率仍高達70％，最重要的是患者要建立自我信心以及樂觀處事、坦然面對的態度，並養成規律地生活、健康地飲食及適量地運動。但是，大家仍不免將信將疑。

曾經罹患大腸癌的吳興傳理事長以親身經驗告訴大家，抗癌最好的「治療」就是面對它，並且超越它，而不是被它征服；吳理事長採取實際行動，率領抗癌勇士們，成功以低碳方式進行自行車環臺挑戰，為大家證明：樂觀勇敢面對、培養適當運動，正是戰勝癌症的良藥。

無論癌症發生的原因是什麼，作為大自然的一分子，從吳理事長的成功經驗與實際行動中，我們可以延伸，對於包括我們身體在內的環境變異，仍是要採取面對、超越的態度。宜蘭縣一貫堅持環境永續，我們拒絕高汙染的六輕，我們反核四，我們禁用生雞糞及除草劑，我們以自治條例保障縣民的飲食健康權，即是試著為大家盡可能保留一塊可以自在生活、實現夢想的土地。

目前國人十大死因，癌症仍然高居首位，除了持續保護生態環境、推動友善農作、保障飲食健康，宜蘭縣還提供介入性的癌症篩檢，推動辦理五癌（口腔癌、大腸癌、子宮頸癌、乳癌、胃癌）篩檢，希望早期發現，早期治療。不過，正如吳理事長所說，與其每天在癌症的陰影下生活，不如鞭策自己，用愛互相關懷，積極走向戶外迎向健康，讓生命活得更精彩、更有意義。我們也歡迎不倒騎士們，年年蒞臨宜蘭！

——本文作者林聰賢現任宜蘭縣長

推薦序／

熱愛生命之──不倒鬥士

吳志揚

是什麼樣的信念及夢想？讓一群由吳理事長帶領的抗癌騎士不畏艱辛及風雨，騎過晨昏、越過山脈，一路來到了桃園縣，雖已是最後一天的行程，但在這群熱愛生命的勇士臉上，絲毫不見任何疲態，充滿高昂鬥志。臉上流露出即將完成挑戰的喜悅。

癌症！至今仍是讓人聞之色變的疾病，即使是最樂觀堅強的人，在初聞罹癌的剎那，都不免感到震驚、失措，不少人因而意志消沉，失去正面思考的勇氣，此時惟有心靈沉澱、勇於面對，才能獲得重生的積極動力。志揚身為臺灣健康城市聯盟理事長，除了積極推動各項城市建設及社會福利措施外，也全面推廣免費癌症篩檢等多項醫療措施，持續營造桃園縣成為「健康暨高齡友善的城市」，並賡續致力傳承經驗，讓更多需要的人受惠得到幫助。

秉著能憑藉自身抗癌成功的經歷，帶給其他癌友面對疾病、正面思考勇氣的信念，而成立臺灣抗癌協會的吳興傳理事長，號召癌友每年以單騎環臺方式，向國人宣導癌症防治的理念，令人感佩。

在臺灣，每五分四十八秒就有一人被診斷罹癌，其中以大腸癌人數增加最多，一年內就增加了一千五百五十二人，四度蟬聯國人癌症發生人數第一名。希望能藉由此書讓更多人知道癌症是可以早期發現、早期治療。因此，不要輕忽對自身健康的關照，要定期做檢查，為自己及所愛的人珍視生命。

如同紀錄片中所說的：「信念是一雙鋼鐵的翅膀，無法被摧毀，足夠我眺望著前方；希望閃著不滅光芒，像一顆太陽在發燙；夢想就是一道光，一念間，在怒放。」人生有順境、逆境，當處逆境時，如何突破困境逆風飛翔，取決於我們的信念，而希望及夢想則是引領我們向前行的最大動力。看著紀錄片中，不論是親人的愛相隨或是同伴間的相互扶持，我想應該都是源於「愛」，每個癌友都懷抱著熱愛生命、熱愛生活的企圖心，讓自己更積極地過每一天，幫助每個有需要的人，也勇於面對自己的人生，同時也是這樣的信念，讓這一群曾面臨低潮的癌友，騎出了不一樣的方向，也騎出了更精彩的人生。

——本文作者吳志揚現任桃園縣長

推薦序／

轉動臺灣美好人心

張花冠

恭喜不倒騎士抗癌朋友，歡喜踏上第四次環臺之旅，很榮幸有這個機會，應吳興傳理事長邀請，為大家的人生壯遊致敬。

電影「阿甘正傳」的臺詞說，「人生有如巧克力，你永遠不知道將會嚐到哪種口味」。不倒騎士以行動證明，罹癌的人生並不是單行道；一轉念回個身，就照見人生色彩繽紛的條條活路，原本以為無可如何的境遇，竟劈開出路，品味人生甜美滋味。

吳興傳會長曾經是慢跑健將，在生病以前就像「阿甘」，用兩條腿跑出美麗人生；現在和我們抗癌朋友，一起坐上座墊，轉動風火輪，踩上一千一百公里環臺行程，一起用五感體驗臺灣，嚐到太平洋的風、巴士海峽的雨、七股濕地和布袋洲南鹽場的鹹味，也有嘉義新港媽的香火味。風中嚐到自己的汗水味，和著臺灣的滋味。輪軸一轉，像西藏轉經輪一樣，轉動臺灣美好人心。

日本佛教大師「酒井雄哉」，是千年來唯一兩次苦修「千日回峰行」的高僧，他在自傳說：「活了下來，其實是被留了下來」；抗癌朋友們忍著身體病痛，從動中悟靜，傳達從悲觀焠鍊出的堅強樂觀。學會與癌細胞和平共處，面對癌症各種情緒煩惱，抗癌朋友掌握主控權，可怕的絕症，成為人生旅途的絕美風景。

感謝你們，讓我們學到，只需要看著煩惱的本質，煩惱就會失去對我們的影響力。當我們看著前方，絕症就失去了破壞力。達賴喇嘛發願，「虛空尚存，輪迴未盡，願留世間，普度苦厄」，不倒騎士不僅努力滿自己的願，也正在滿世間人的大願。

——本文作者張花冠現任嘉義縣長

推薦序／

找到如何堅持與改變

劉政鴻

「老天爺要我活著，我就要活著有意義」這是吳興傳理事長的一席話。當醫師宣布吳先生與愛妻雙雙罹癌，我想很少有人能承受住這打擊，然而吳理事長挺過來了。憑著一股運動家不服輸心情，秉持馬拉松精神好好活下去的念頭，讓他忍住痛苦堅持到最後，用樂觀心走出病魔陰霾，甚至後來成立了「不倒騎士」團。自一〇〇年起連續三年的環島之行，不倒騎士見證了「不被癌病打倒」甚至變更好。

本縣在一〇一年及一〇二年接待由吳理事長率領的「不倒騎士」團，也深切感受到吳理事長給癌友們的鼓勵與激勵。在這本書中除了闡述了吳理事長個人抗癌歷程，也有好幾位不倒騎士抗癌經歷與心得，不僅是正在抗癌朋友推薦一讀，健康的朋友也非常值得一讀，透過這本書，相信您也可以找到並學習如何堅持與改變。

「不倒騎士」團，以自行車環島方式騎出奇蹟、騎出健康，也祝福吳理事長及團員們騎出精彩一生。

——本文作者劉政鴻現任苗栗縣縣長

推薦序／

讚揚生命的良善智慧

黃健庭

世界上有很多種勇者，有為國家社稷拼鬥、捍衛工作理念的、也有為公義挺身而出的，興傳則是與病魔對抗、活出新生命的典範。原為馬拉松健將的他，五年前歷經人生鉅變，癌症奪走愛妻生命後，接著找上了自己。興傳不只成功抗癌，更站出來分享自己的經驗，成立了「不倒騎士團」，號召全臺癌友一起登玉山、騎自行車環島，培養運動習慣，用健康的生命態度趕走病痛，其堅韌的意志力、利他的襟懷，值得大家學習。

好山好水的臺東，素為三鐵好手的天堂，許多鐵人三項競賽都選在這片好土上舉辦，用騎自行車宣揚理念的興傳，亦為臺東的常客，他與抗癌勇士們每每環臺到臺東，我都盡可能提供協助，希望讓癌友們無後顧之憂，全力迎接挑戰。興傳這本新書，記錄了他一路走來抗癌的心得，以及其他癌友的分享，讓更多人能受益於他們「運動抗癌」的寶貴經驗。這是一本好的勵志書，更是讚揚生命的良善的智慧書。

——本文作者黃健庭現任臺東縣長

推薦序／

永久保證的強悍韌度

曾文祺

之前在芝加哥工作時，買了一個大聯盟百年球隊白襪隊的紀念杯，杯身刻著很令人玩味的「LIFETIME GUARANTEE」（永久保證）這排字。想一想，這好似在詮釋著吳大哥他那強悍的心理堅韌度，是保證永久的。

一九九九年七月十七日深夜，我側躺在玉山排雲山莊被登山者擠爆了的大通鋪裡，準備隔日一大清早攻頂，與我背挨著背的是擔任盲胞義工嚮導的吳興傳。那一徹夜相談之後，我便以小老弟的身分，看著他一路勇闖生命的關卡。

每一回吳大哥滾起熱血，想把朋友們帶出戶外為他們做些什麼，或是籌畫慈善活動之初，總會拉著我一起構思；而每一次他千辛萬苦帶大家挑戰成功時，我在終點處都能看見他對人的愛，耀著獨特玫瑰色的光輝。

吳大哥的故事，卻又摻雜了太多的苦情。我總覺像他這麼好的人，老天應該對他好一點，不致讓他經歷那麼多幾乎奪走他生命與心靈的磨難才對。

但，稀罕的是，他都正面迎接橫逆，縱使備嘗悽愴好幾回，也都神奇的，撐了過來。

我要說，他是一位你永遠料想不到，充滿莫名生命力的勇者，就像攀附在崖壁的小樹，無聲的捉住牆面，硬要生根。

——本文作者曾文祺為中國時報資深記者，著有《勇闖撒哈拉》、《跑出生命的寬度》、《看見希望的入口》、《林義傑大冒險》、《決戰撒哈拉》、《玩跑人生：汗水淚水作伙流的生命進行曲》等書

推薦序／

「好心腸」創造的奇蹟

謝瑷竹

一直以來我都喊吳興傳「教練」。因為耿直的他向來那麼熱心腸、用他的專業和熱情為許多人引出生命的光，他不只是運動的教練，更是引領人活出生命意義的教練。

一九九六年，我任職民視電視臺，為了紀錄臺灣第一位盲胞馬拉松選手臺灣阿甘張文彥，而對陪跑員吳教練有更深的認識，從他如何帶著看不見的張文彥跑山區練耐力，並且紀錄遠赴高海拔的肯亞比賽的一路過程。有一幕景象我想我一輩子都會記得。比賽的前一晚，不適應肯亞高原地形的環境，張文彥因而得高山症發燒，在非洲人生地不熟，張文彥當下最親的人就只剩下吳教練。當時吳教練悉心照顧虛弱的張文彥，並不斷為其打氣，旅館房間有點昏暗，我看見他瞇著眼，一針一針，為張文彥的運動衣縫上青天白日滿地紅的國旗，並且告訴我，他心裡已經做好了準備。

吳教練帶著張文彥參加一場有一萬七千多名選手的馬拉松賽，張文彥是主辦單位邀請為公益而跑唯二的盲胞選手。比賽當天，吳教練牽著穿上國旗運動衣的張文彥出現在起跑線上，但那場比賽張文彥終究因體力不濟無法跑完全程，最後跑回終點線的是換上張文彥運動衣的吳興傳。我記得他說的這段話：「選手個別成績已經不重要，但是一定要替張文彥替臺灣，揹著國旗跑完整個肯亞馬拉松的終點，讓全世界各地的選手們認識臺灣。」

在我心目中，吳教練就是這樣的強人，而且是激勵人不輕言放棄，追尋生命希望的勇者。但沒想到我會看到吳教練脆弱的一面。約莫五年前的某一天和吳教練通電話，隱約中感受到吳教練心裡一定有事，於是相約見面。見面那一刻，堅毅的吳教練竟在我面前掉淚，聽他娓娓道來才得知，他歷經人生重大的打擊及面對難以承受的哀痛。辦完罹癌妻子的喪事後，罹患大腸癌第三期的他還需持續治療，無助之際曾萬念俱灰地想帶著孩子一起走，但卻也不甘地說：自己大半輩子跑馬拉松，怎能輕言放棄？

轉念，讓他的生命重新有了契機，吳教練發誓要勇敢面對癌症，且繼續靠運動養生，他深信老天爺留下生命的恩典，必定有另一番使命。有一天他告訴我，他想通了，為了孩子，他必須想辦法延長生命，他相信運動可以帶來這樣的希望，而且他想帶著更多癌友們，一起與癌共存，並且鼓勵大家一起騎車環島來燃起生命的熱情。人生的目標重新定位，但不平凡的夢想對僅在木柵動物園擔任警衛，收入不豐的吳教練挑戰極大。身為他的好友，我只能從旁鼓勵他：只要篤定夢想，全世界都會為你開路的。果真，五十七歲的吳教練創造了奇蹟。連續三年，沒有積蓄，靠著四處張羅環島經費，靠著真誠和決心，成功號召癌友完成了「不倒騎士」的環島夢想，甚至還遠赴馬來西亞，把這份勇敢和信念傳播，為更多癌友帶來激勵。

大腸癌的他終究因為「好心腸」創造了自己、也創造了癌友的奇蹟。他曾是天生的跑者，現在更是天生的勇者，儘管人生的馬拉松上有許許多多的關卡，他已經撐過了最艱難的那一關。我相信憑著他用生命換來的印證，未來他還會帶著更多人一起為生命的希望前進。走筆至此，我想告訴他：教練！keep moving！

——本文作者謝瓊竹為前民視專題記者兼主播，曾獲卓越新聞獎及社會光明面報導獎

推薦序／

生命有了裂縫，陽光自然會滲進來

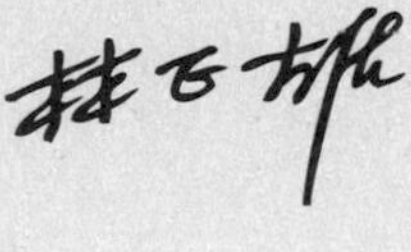

累累的創傷，就是生命給你的最好的寶藏，
因為在每個創傷上都標示著前進的步伐。

——法國作家 羅曼．羅蘭

在讀不倒門士吳興傳運動抗癌的生命故事之前，我接觸到的是傷口已經癒合的生命勇者，見到的總是他最陽光、正面的那一個笑容，直到細細閱讀了他的生命歷程，著實令人心疼也深感佩服。懵懂未知的少年時，即要承受失去摯愛母親的痛，且堅強地提早長大、變成可以對自己負責的大人。而婚後面對深愛妻子罹癌的同時，更被醫生診斷出大腸癌，拖著接受化療的虛弱身軀，在醫院與家中來回奔波照料妻子與兩名年幼的兒子，更是令人不捨！但是，堅強的他並沒有選擇跟生命低頭，反而更勇敢的面對病痛、堅強的接受妻子辭世，身兼母職的教養兩個兒子長大。

熱愛馬拉松跑步的他，卻不因病痛而放棄，反而在身體狀況稍微好轉的時候就開始跑步，雖然仍有幾次體力不支昏倒在路邊，但仍無法澆熄他心中對於馬拉松的熱愛，後來甚至也愛上了自行車的騎乘運動，並成功領著全臺許多勇敢的抗癌勇士一同完成自行車環島的夢想。我們都知道，自行車環島是相當耗費體力的一個活動，一般成年人若沒有經過訓練，都很難完成這個夢想、更何況是罹癌的病友呢！對於他們的堅持雖然總有些憂心，但看他們這樣努力的跟病魔搏鬥、跟生命賽跑，就為了完成這單純的小夢想，心中的感動百感交集……

在吳興傳身上，我看見了最堅毅的生命力，雖然他的力量相當微弱，但是他不吝惜與大家分享，並且成功凝聚了許多癌友的心，給予大家夢想、也積極的帶領大家去實踐，讓癌友們知道雖然老天爺給了他們許多的創傷，但是這些傷口同時也標示著他們的生命持續往前邁進。我相信：吳興傳的愛與勇氣，將持續為大家帶來更多的光明與幸福。

——本文作者林正雄現任富旺國際開發股份有限公司董事長

推薦序／

帶給臺灣正面的能量

劉世明

幾年前我從報章雜誌上看到一篇報導，知道臺灣有一位抗癌運動員吳興傳，想要帶一群癌友騎自行車環島圓夢，我深受感動，很想為他們盡一點點心力，剛好我們公司是設計和製造自行車專業運動相關用品，所以主動打電話詢問吳教練，很高興我們有機會可以贊助環島的癌友，提供所有抗癌騎士全身的穿著和保護用品，幫助他們圓夢。

我們曾長期贊助亞洲各國許多自行車車隊和職業選手，知道要騎自行車環臺灣一圈，即使職業選手也要用六到七天，癌友要環臺所花的時間更長，期間可能會遇到多種不同的天候變化，有時大熱天，有時下大雨，因此我們比照職業選手在國內外比賽可能遇到的情況和需求，為環臺的抗癌勇士提供一整套機能運動服飾，包括保暖衣、風衣、替換衣物、手部護套等等，並為每一位騎士套量身形，提供最合適的裝備。

我從事相關產業幾十年了，從製造代工到自創品牌，期間難免遇到挫折，在最挫折的時候很希望有人可以支援我，幫助我能堅持下來。癌友們身心都承受長期的煎熬，癌友的家庭經濟能力也多會受到影響，我們希望能減輕他們的負擔，更希望他們能越騎越健康，讓臺灣各地都看到這些癌友們遇到困難不退縮繼續往前走的精神，帶給臺灣社會更多正面的能量。

——本文作者劉世明為自行車專業服飾品牌 Atlas 鴻景開發公司董事長

推薦序／

勇氣的來源

何默真

認識吳興傳大哥，是在二〇一二年夏天。一群和興傳大哥有著相似罹癌經歷的不倒騎士，穿著同一套車衣車褲來到家樂福新店城書區，幫《玩跑人生》作家曾文祺大哥站臺。

當天晚上，我把《玩跑人生》整本書看完，在吳興傳大哥那段，我停下來兩次，偷偷抽了張衛生紙擦乾已模糊雙眼的眼淚，深呼吸了一口氣才能再繼續看下去。我們以為自己不太圓滿的人生，跟興傳大哥相較，根本不算什麼！

妻子癌病過世，興傳大哥在大腸癌化療復原期一肩扛起照顧小孩的責任，但他始終記得妻子支持他熱愛運動的心。從二〇一一年開始，帶著愛妻的遺願，號召全臺灣各地的不倒騎士進行十天一千一百公里環臺。第一年從各地募得的物資：瓶裝水、乾糧、泡麵、水果……所有物資全塞在一臺貨車上，全程跟隨這群不倒騎士環臺，油資耗費不說，很多食物在高溫運送下，新鮮度和口感都會變差。興傳大哥來找我，提出希望家樂福可以協助第二屆不倒騎士環臺的物資。我聽了第一屆物資的運送方式，皺了眉頭想了一下，遂跟興傳大哥說，全臺灣各縣市都有家樂福，不倒騎士需要的物資，直接到我們各縣市的家樂福分店領取吧！

剛好當年度，家樂福也正在舉辦全臺分店騎腳踏車接力環臺活動，每間分店員工正如火如荼的參與接力環臺，興傳大哥和不倒騎士到店領物資時，分店員工也一起幫忙加油！有的分店還陪騎一段。

印象很深刻的是臺東那一站，我們號召臺東店員工到縣府門口迎接不倒騎士，在一陣歡呼聲中，不倒騎士一個個抵達，我找了一下，竟然沒找到興傳大哥，心中有點擔心，果真，興傳大哥受傷了，半邊臉貼人工皮膚，有點勉強的從隨行車上走下來，我立刻上前給他一個大大的擁抱，當天他忍著痛參加記者會。會後了解才知道，原來興傳大哥的親哥哥，因受興傳大哥號召，在第一屆不倒騎士環臺時擔任志工，在花蓮段因一時技癢騎上車，沒想到一個失神卻在花蓮摔車，沒戴安全帽導致腦部出血過多過世了。興傳大哥在哥哥前一年摔車的同一路段同一地方，也摔倒昏迷，醒來後發現半邊臉在地上磨破皮，皮肉傷很痛，但，心更痛！

我們的人生裡也常會失去重要的人事物，有些人的重要性甚至影響我們一輩子，妻子的離開促使他號召癌友千里環臺，哥哥的意外，卻讓他至今都無法停止責怪自己，兄嫂問他：「怎麼會這樣？」他五雷轟頂，卻只能勉強回一句：「我也不知道，我真的不知道啊！」哥哥走了，但哥哥五十年來對興傳大哥的支持和愛留了下來，成為興傳大哥繼續堅持主辦不倒騎士環臺的勇氣來源。

第三屆不倒騎士環臺，家樂福號召各縣市員工把物資送到不倒騎士拜會的縣市政府。我們每個人都在自己的崗位上努力著，無論是什麼樣的工作或角色，努力完成自己的任務之餘，如果也有機會影響他人，人生就會更有意義，下一步，這群環臺成功的不倒騎士還要到各地分享抗癌經驗，幫助更多癌友和家人迎向陽光！一起享受更棒的人生！我會支持他們！您也一起來吧！

——本文作者何默真現任家樂福全國公關經理

推薦序／

幫助更多搖擺不定的騎士

張雅晧

當國際癌病康復協會的執行秘書陸海燕告訴我臺灣有位大腸癌患者，要到馬來西亞騎腳車（中國大陸叫自行車），以鼓勵癌友多多運動來抗癌，我覺得很有意義，決定主辦。

今年四月二十七日大清早，馬來西亞森林保護局（FRIM）擠滿了許多癌友腳車騎士，在他們的家人和專業騎士的陪同下，由吳興傳帶領環繞森林局一大圈。

當癌友騎士陸陸續續抵達終點時，獲得眾人的歡呼聲和喝采。

在交流時，才知道許多癌友騎士是第一次參與；一路上，許多騎士都摔倒過，在許多陪騎士的鼓勵下，他們爬起來再度起程，經過無數次的跌倒爬起，最後完成了行程。一路上，吳興傳駕輕就熟的騎功，帮助許多搖擺不定的騎士脱離摔倒，感人至深。

有位叫 Ivy 的腦癌患者，竟然報名要跟吳興傳騎腳車環臺灣島。

下午，大夥人聚集在吉隆坡中國小學的禮堂聽吳興傳分享會，在場的還有臺灣駐馬來西亞經濟文化中心的林渭德組長和林索珠秘書。

在分享會中才知道，原來吳興傳是獲獎無數的馬拉松健將，也是視障馬拉松和殘疾人的陪跑者，其中陪張文彥跑了十二年。就在輝煌頂峰之際，太太得了卵巢癌，自己也被判三期大腸癌。他歷經折騰磨難，猛悟放下，成立「不倒騎士團」，三次帶領癌友環臺灣島，激勵了許多人。

吳興傳也成立了「臺灣抗癌協會」，號召癌友通過運動來抗癌。當大夥聚在一起運動交流時，不只達到肉體健康，心理也得到寬慰，癌細胞也會逆轉為正常細胞。

很高興吳興傳把他的經歷著書出版，讓更多癌友獲得分享他的抗癌方法、激勵故事和互相扶持。

我謹以此為序，並祝賀吳興傳新書出版。

——本文作者張雅詰現任馬來西亞國際癌病康復協會理事長

序章

一位馬拉松運動員，出現人生中最重大的轉折——突然被宣告罹患大腸癌第三期。擁有的一切面臨破碎。

面對夫妻同時罹癌，兩人輪流化療、家中兩名稚子驚惶，該如何走過生命的絕境？

親人先後離去，陷入恐懼、自責、憂鬱與迷惘的無底深淵，要如何再次成為鬥士？

一個不知道癌細胞是否隨時撲身再來的跑者，如何鼓勵其他癌友走出來，活出新生命？

我是吳興傳，我熱愛跑馬拉松。我是中華民國慢跑協會會長、癌友騎車環臺活動發起人，成立臺灣抗癌協會，連續三年帶領癌友完成自行車環臺活動。二〇〇九年，我被診斷罹患大腸癌三期，歷經十二次化療，不向命運低頭，積極配合療程，並以運動抗癌的方式預防復發。

人因有夢想而偉大，我的夢想是要成就別人的夢想，用自己的運動專長，幫助和鼓勵更多需要幫助的人。我曾牽引「臺灣阿甘」盲人張文彥參加世界各大馬拉松，也曾率領盲胞登上玉山和富士山。

在實現夢想的路上，兩個最親近的親人先後離世，癌症幾乎要摧毀我所有的一切，但也讓我重新再當一次爸爸，體會生命的價值與意義。

我是臺北士林內雙溪山上長大的小孩，來自外省老兵和本省招贅農女的家庭，我是在離島服役的娃娃兵士官，也是一個只有一百六十三公分的動物園警衛。我的人生，不斷地在跑，不斷地遇到難關，我只能硬撐，不斷轉念，學習如何突破困境。

漫長起伏曲折跌宕的路上，我咬住痛苦，不斷找尋生命的活路。

我今年五十七歲，每三個月要回醫院檢查，每天，我仍然不停地跑。

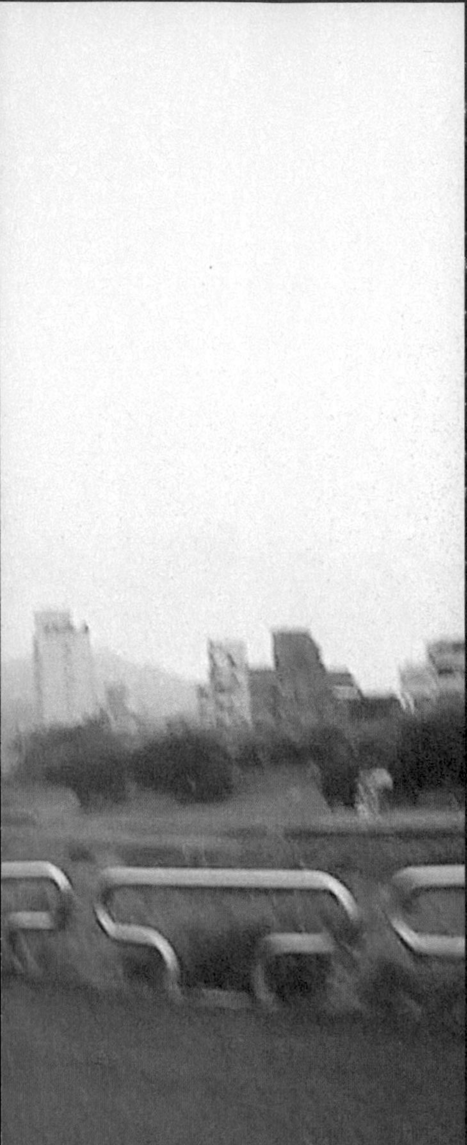

第一章 生命急轉彎

如果可以重新設定，我會直接把那一天永久刪除。那一天，我去木柵腸胃科診所，醫生為我安排照大腸鏡，我躺在床上，進行到一半，醫師手邊動作突然停止，一切的聲音都停了。

一個字，翻轉世界

等待的這一個星期很漫長，我坐立不安，時時刻刻在想：「不是！絕對不會的！」安排看報告的那一天，診所約定上午九點，八點我就到附近了，在診所外面的巷子裡，一直繞一直繞，時間到了才進去。

一進診所，醫生拿著文件告訴我：「你的報告出來了。」他沒再繼續往下說，只在桌上寫了一個字，一個大大的字：癌。

這一個字，改變了我的世界。

接著，醫生交待了很多事，我一個字都聽不進去。拿著那一紙宣判走出診所，我在機車旁停下，腦子一片空白。就站在那裡，什麼都無法想，足足站了兩個小時。

九月的白熱陽光，從天空正上方鋪照下來，行人和車輛都只剩飄移的白色幻影，一個意識慢慢聚向腦中：我的一切，即將全部毀滅。

不行！我還有兩個孩子。他們即將沒有媽媽，不能再沒有爸爸。

圖／百希可提供

想要「永久刪除」的那一天

二〇〇九年，我的生命在這裡切成兩半。前一半，我用我的雙腳跑出不一樣的人生，跌跌撞撞，仍勇猛奮戰；後一半，面對隨時會被吹熄的一絲生命火光，我只有一個選擇，全力博鬥。

這一年之前，我是馬拉松場上的獎金獵人，是業餘級的最佳教練，是帶著視障跑者參加各種國際比賽的快腳導引人，是一個溫暖的家的男主人。二〇〇九年四月，我太太被診斷出卵巢癌第三期，住院開刀，我沒日沒夜地奔波，從動物園警衛室下班後，趕到醫院看顧化療中的太太，再急忙回家照顧兩個就讀國中的兒子。太太做完六次化療並未好轉，醫生宣布她只能再撐幾個月。兩個月後，這一年的九月，看著醫院裡那麼多的無常，我忽然有個念頭，決定去做一次健康檢查。

而這一檢查，卻檢查出噩耗，我患有大腸癌第三期。

如果可以重新設定，我會直接把那一天永久刪除。那一天，我去木柵吳錫賢腸胃科診所，醫生為我安排照大腸鏡，我躺在床上，進行到一半，醫師手邊動作突然停止，一切的聲音都停了。

醫師向護理人員講了幾個英文術語，我雖然聽不懂，但大概猜得出，是要護理人員拿酒精和瓶子，要從我身體裡面夾取檢體。

夾出了兩個東西，醫師說要送去化驗。出來門診室時，醫師說：「我現在不敢跟你講是怎樣了，但你心裡要有數，裡面有長不好的東西。」我來不及反應，也不知該如何反應。他接著往下說，有百分之五十的機率是癌，百分之五十是腸結核，後者只要吃藥半年就可痊癒，要我一個星期後來看報告。

這是我有生以來最漫長的七天，我無法安靜下來，每天不斷地在腦袋裡對自己喊叫：「不是不是！」「這是結核，不是癌！」

報告出來，我看著吳醫生寫下的「癌」字，整個人都楞住了。醫生就在旁邊，他說了很多話，但沒有一個字我聽得進去，腦中一片空白。

走出診所時，整個人完全昏了，站在機車旁，我像是瞪著車旁的什麼，瞪了兩個多小時，根本分辨不出眼前看的究竟是什麼。我不敢再想下去。

回過神來，第一通電話就是打給我太太，太太的反應讓人意外，她說：「這不是癌啦，是你騎自行車騎得太多，褲檔磨擦，長了痔瘡。」

醫生安排轉診，讓我去長庚做進一步治療。回到家後，打電話給我在馬偕醫院擔任行政工作的妹妹，她建議找馬偕一位醫師，讓我去做進一步確認。

馬偕醫師研判後，確認是惡性腫瘤。我不敢直接告訴我太太，她那時正面臨自己的化療失敗，須要再進醫院開刀的生死交關。從馬偕回家，太太看我臉色蒼白，就知道不對勁了。那一晚，兩個人坐在客廳，一句話也沒說。牆上的鐘擺一秒一秒地響。鐘上面的那個大紅囍字一直都沒撕下來。我們就這樣，一句話也沒說，聽見時間在耳邊一秒一秒的響。

接下來會怎樣，我完全不敢想，只能先把當前的問題解決。隔天就在馬偕照斷層掃描，當天晚上趕工看結果，醫生跟我說，幸好，還沒擴散到其他器官。

我立刻決定開刀。手術後，大腸剪去了十五公分。

失速跑道

我是天生的跑者，跑了幾十年，卻在跑道上驟然失速。
從小就一直在跑。小學時，從山上跑到山下去讀書。進軍校受訓，即使被罰跑一整節，我也跑得很樂。第一次參加全程馬拉松，就跑進選手級的三小時二十分。婚後，最高興的就是看著太太上臺幫我領獎盃和獎金。轉換跑道當教練，帶著盲人締造紀錄，為臺灣跑出國際賽的獎牌。

被宣告罹癌的那一天，我的跑步生涯瞬間靜止。這一年我剛過五十一歲。當下，我必須為保命而活，更準確的說，我必須為家人繼續活下去。我積極配合醫院的治療，醫師叫我做什麼，我就做什麼，叫我吃什麼，我就吃什麼。

我一個人騎機車去開刀，開完刀，自己辦理出院，自己騎機車回家。我和太太輪流進醫院化療，撐著化療後僅剩的半條命回家，忍住身體上的極度不適，為兩個受到驚嚇的孩子準備飯菜，我的兩個兒子，一個國中二年級，另一個才剛升上國一。

在重大疾症面前，軀體如此脆弱，但人的意志力，卻大得令人難以想像。我太太捱過醫院推測的時間，用她只剩下三十五公斤的身軀，多撐了半年，一直等到我的十二次化療結束之後，她才嚥下最後一口氣。

她走了，而我活下來。老天留我一條命。

二〇一四年八月，我忐忑地走進臺北馬偕醫院大腸直腸外科，去看術後第五年的例行檢查報告。主治醫師冷靜而溫暖的對我說，沒有任何的異常。走出診間，陪著一起來的朋友，握住我的手說：「恭喜！」我再也掩不住情緒，淚水在眼眶打滾發熱。

我度過了罹癌手術後的五年，沒有任何復發，按醫院的一般說法，等於是通過癌症的考驗，可以領一張康復的畢業證書了。

過去這五年，我不但走過了死亡的幽谷，我還慢慢恢復運動，再度能跑完四十二公里一百九十五公尺的全程馬拉松，並再度成為教練，帶領和我同病相憐的癌友，完成騎自行車環臺一千一百公里的挑戰。

第三個十年

再度回到跑道，我越來越相信，長期運動培養的身體，是我能夠不被病魔催毀的根基，病後恢復的運動習慣，也是我能抗癌成功最重要的一帖藥方。

至此，我的跑步生涯進入第三個階段。第一階段的十年，我為獎金和掌聲而跑。第二個十年，我帶領身心障礙者，為了幫助他們完成夢想而跑。第三個階段，我為自己的生命而跑，也為更多癌友的生命而跑。

癌症不會消失，只是暫時與我和平共存，雖然我已是抗癌勇士學校的準畢業生，但今後的每一口氣，我仍是戰戰兢兢。

臺灣地區，每五分四十秒就有一個人被診斷出罹癌，每一個癌友背後，都可能是一個破碎的家庭。自己曾走過那一段煎熬的過程，鬱卒、無望、恐懼、驚惶的感覺，我比誰都清楚。我想在癌友心靈最脆弱、低潮時，以過來人的經驗，伸出手，讓他們抓一把。

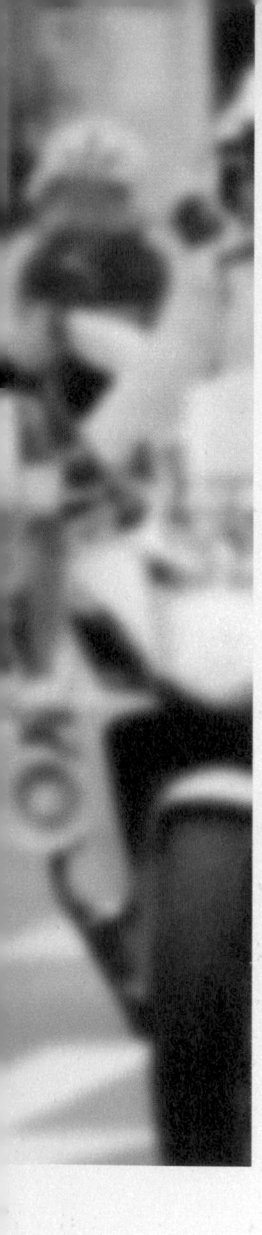

經驗告訴我，罹癌並非那麼可怕，很多人都能重新回復健康，再度享受充滿陽光的日子。抗癌最重要的就是，別躲在黑暗處，要能走出來面對陽光，陰影自然就會被拋在身後。

對，走出來面對陽光！我的第三個十年，只求專注做好一件事，推展「運動抗癌」，幫助更多癌友能看見其他癌友的健康光采，進而幫助更多癌友走出來運動，走出來享受生命。

恢復健康後，現在，我每一天起床，會先去看看兩個長得越來越高大的兒子，然後出門跑步，再去上班。走過客廳時，總會抬頭看看牆上的鐘，那是二十五年前結婚時，與太太到老爸湖南老家買的喜鐘。時鐘仍然答答地響。每每回想我太太生病時的慌亂驚恐，想到自己罹癌後的無望煎熬，想到我親哥哥為癌友陪騎而摔車的重大意外，痛苦的情緒就會一湧而上，難以平息。

親情會一直縈繞，痛苦都會過去。也許我個人的生命經驗和體會，能對一些人發生正面影響，所以，我願意一遍又一遍，把我的故事說給想聽的人聽。

我的故事，要從士林內雙溪山上，一個跑步上學的小孩說起。

圖／百希可提供

第二章 非典型青春期

可能跟我一樣想家，意氣用事的十八歲孩子，有一天回到寢室，坐在床上手拿著槍。一聲槍響，子彈穿過腦袋，倒下去。

聽到消息時，我從所在的碉堡衝過去，他的眼睛還在一眨一眨。

從內雙溪跑出來的小孩

我的個子很小，但很喜歡跑步，也很能跑，這都與我成長的家庭有關。這些關聯，要過了好幾十年，我才慢慢發現的。

我是一九五七年出生的，我們家在臺北內雙溪的深山裡，靠近現在的中央社區，小學三年級之前，家裡都沒有電。就讀小學時，我每天要走路下山，到士林官邸附近的福林國小，來回要十多公里，一趟路就要半個多小時，所以小孩子都用跑的上學。

我家種竹子也種水稻，單獨一戶，很偏僻，因為成本過高，臺電公司不可能為我們牽線，而對我們來說，也負擔不起。家裡沒有電，也沒有衛生紙，上廁所的時候真的是用竹片擦屁股，後來才有「粗紙」，更久以後才有白色衛生紙可用。

那時的臺北市區，已經發展得很繁榮了，但我們住的地方，落後市區很多，連想的事情也差得很遠。我入小學那一年，外雙溪正在蓋很大、很大、很奇怪的房子，我們那裡的人都説，那是在蓋大廟。也好奇怎麼會有那麼大的廟？後來才知道是政府在興建故宮博物院，連大人們都不懂什麼是博物院，更不會知道故宮是什麼。

我們會住那裡是因為外公，外公分給母親的田就在那裡。母親雖説是獨生女，但其實是過繼給外公的童養女。外公沒結婚，只有她這一個童養女。而父親則是外省老兵，一個人從大陸來臺灣，孤零零一個人，入贅後就一起住在山上。

我父親是一九一五年生的，他這輩子在來臺灣之前，幾乎只待過大陸湖南。一句臺語都不會講的他，在當時的臺灣社會很難生存。生活周遭都是臺灣人，沒人要和他做朋友。那時候，竹籬笆內和竹籬笆外，分得很清楚，連外公都叫他「外省豬」。

外公一輩子沒做過什麼事，只有吃喝玩樂，聽母親講述，外公把家裡分給他的祖產都花光了。外公與父親不對盤，主要也是因為言語不通。

父親平時幫忙母親做農事，等到他去東吳大學當校工，農事重擔就全落在母親身上。我國二的時候母親過世，那時，我大哥才高一、妹妹國一，而最小的弟弟才小三，父親擔任校工的微薄薪水，養不起一家五口，只好辭掉工作，回家借錢養豬，這樣至少可以留在家裡，在工作之餘同時看顧我們四個小孩。

哥哥就讀士林的泰北中學，他要升中學的時候，母親還沒過世，母親很能幹，會想辦法賺很多外快，挖筍、養豬、養雞、做小工。

母親過世了，情況一下子就改變了。

我父親很倔強，他每天很憂愁，但不曾說出口，雖然他都沒說，但我看得出來，以他的能力，無法照顧我們四個小孩，所以，我國中還沒畢業，就決定去當兵了。

左頁｜在軍中練跆拳。
右上｜就讀士校前的歡送會（右二）。這一年國中還沒畢業，只有十五歲。
右下｜娃娃兵士官。

走星光大道去讀軍校

我在臺北市至善國中的三年級上學期，志願去讀陸軍士校。在那個時代，臺灣流行武打電影，我很崇拜王羽、李小龍、獨臂刀客這些明星和電影人物，還向同學借打鬥漫畫，然後照著內容學招式。選擇去軍校，算是符合我的志願，我很好動，不喜歡讀書。

如果母親還在，她不會讓我去當軍人。那時，臺灣剛退出聯合國，國共對戰的情勢還很緊張，臺灣本省人的社會普遍認為，只有外省人才會去當職業軍人。外公更是不同意，他用激烈的話語罵父親：「你一個大男人那麼沒用，連一個小孩也養不起，狠心讓他去當兵！」

父親算是看得開，外公這樣激他、罵他，他都忍下來。現在想起來，也許就是這種對什麼都不那麼在意的個性，才能如此高壽，他活到八十六歲。

家裡雖然極力反對，但在學校裡的情形卻完全相反。國中生選擇就讀軍校，會被學校當成很隆重的大事，公開舉辦歡送會，讓學生覺得這是一件很光采的事，以鼓勵更多學生投考軍校。全校師生在司令臺旁分站兩排，歡送我們到校門，身上背掛著「投筆從戎」的紅彩帶，像是在走星光大道。外公家附近的幾位親戚，還特地跑來送紅包。

進入士校後才開始覺得苦，一度想要賠償公費，休學回家，但一想到，自己是在星光大道被熱烈歡送的，怎麼好意思回去？要怎麼交待？拉不下臉回家，就只好忍耐。

士校入伍三個月之後才第一次放假回家，一回到家，眼淚就掉下來。並非熬不住受訓的苦，與都市小孩相比，對鄉下長大的我來說，身體上的操練不算什麼，那苦，主要來自想家、想媽媽。那時，離母親過世還不滿一年。

失控的母親

從小我就很依賴母親，在那麼偏僻的山上長大，上學也沒交什麼朋友，生活裡最親近的人，就只有母親。

母親個子矮小，只有一百四十多公分，但長得很壯，一次可以扛起兩包袋裝水泥，足足有一百公斤重。母親長得並不好看，我們小時候覺得她長得很醜，但她對這個家，是真的無怨無悔付出。

之前說過，我們家裡沒有電，即使是冬天冷得要命，凌晨三點，她依然起床上山挖桂竹筍，然後挑下山去賣錢。手腳俐落的她，能挖很多筍，如果以現在的物價換算，每天都有一千多元的收入，母親很辛苦，不斷勞動，但只要賣到了錢，她就非常開心。

那麼早的時間，天色還是很暗，母親一個人上山挖筍，有時候我們也會擔心她的安危。父親聽完後，就安慰我們：「不用擔心你媽媽啦！」接著，他就拿母親的長相開玩笑：「安心啦，連七月的鬼都怕她。」

矮壯能幹的母親，平時勤勞慈祥，一旦情緒發作，往往無法控制，甚至有暴力傾向。我小時候很調皮也很叛逆，常會觸犯規矩，只要讓她覺得不如意，她的情緒就爆炸，接著就一發不可收拾。其實，我犯的都不是什麼大錯，像是功課沒寫之類，只要老師反應，回到家，母親就會用拳頭和竹條，狠狠地揍我一頓。

國小三、四年級時，有一次，不記得那時我究竟犯了什麼錯讓她抓狂，她抓著我的頭髮直奔屋外的水池，把我的頭壓進水池內，我覺得她就要把我淹死。她的手勁很強，牢牢被抓住，我不斷掙扎卻無法掙脫。幸好外公發現，趕過來把我拉開。

母親是我們家生活的重心，父親反而像是附屬的。節省的母親是一毛錢也要打成十個結，只進不出，一家大小的吃喝拉撒都是她處理。生活重擔讓她無法掌控情緒，雖然有時也是會開玩笑，但一發起脾氣，我們這群孩子們會躲到山上，一、兩個小時後才敢回家。

不只我，兄弟姐妹都挨打過，就連家裡養的小狗小貓，也都曾被她綁起來打，因為貓狗咬了她辛苦養的小鴨小雞。記憶中，她還曾經拿著菜刀追打我。

國中二年級的某一天早上，我們一如往常去上學，上課上到一半，有人來學校通知我們回家，母親躺在床上死了。那天母親不知為了什麼，和父親吵架鬥嘴，盛怒中喝下除草劑農藥，就此撒手，不管家裡的所有事情了。

後來我不斷回想，一直想不通，她怎麼突然會丟下我們？一個那麼負責任，那麼為家付出，每天都勤奮做事的母親，怎麼會在家中沒發生什麼大事的情況下，就這樣子放棄這個家？

母親很小就沒有親生父母，十四歲時，被喜歡賭博的哥哥和兄嫂，賣給了外公當童養女，所有的家事、農事，一直都是她在做，一輩子就是不斷勞動。母親有時會責罵父親，說他不會賺錢，是個沒用的男人。但父親是老實人，老好人一個，不抽菸也不喝酒，沒有不良嗜好，平常也不會和母親發生什麼爭執。當時，究竟是什麼原因，讓母親尋短不想活？現在想起來，她應該是有躁鬱症，那時候不知道這是病，她的人生就一直往牛角尖鑽進去。

父親是個很善良古意的人，個子也很小，在我當兵的時候發生過一件事，他騎摩托車在路上，別人開車撞他，對方很凶，一下車就大聲責問父親，結果就變成他拿錢賠人家。他覺得事情只要能解決就好，不敢和人家爭論是非，人家叫他作保，他也簽字，所以負債，一輩子都在負債。

大哥高中畢業後，決定不升學，去生產銷售家電用品的歌林公司工作，後來當到店長，那時電器生意很好，大哥就把父親的欠債還了。

即使自己也成為父親，我還是一直很難理解我的父母親。太太過世後，留下兩個十二、三歲的幼子，而我自己也還在和病魔搏鬥，很多次的晚上，兩個孩子在睡覺，我站在床前，看著他們，想到他們這麼小就沒有媽媽，眼淚就忍不住掉下來。
我的眼淚裡，有我的母親，也有我的父親。我想到自己也是從小就沒有母親，母親過世時，我差不多也是像兒子現在這樣的年紀；父親突然面對要獨力扶養四個還在讀書的子女的處境；母親是未婚的外公從別人家過繼來的童養女，母親的身邊從來都沒有媽媽。站在孩子的床前，想到這些，我哭得更傷心，眼淚無法停下來。

我的母親。

十八歲的槍聲

士校讀了兩年半，畢業時分發部隊，我中了「金馬獎」，而且是比金門更靠近大陸的「小金門」烈嶼。在小金門的生活很枯燥無味，每天都是在做工，至少要半年才能休假回臺灣，所以就更想家了。從前金門是戰地，連公用電話也沒有，只能靠寫信。當兵之前，我最遠只到過臺北士林，什麼地方都沒去過。

那一年蔣中正總統去世，臺海兩岸的對峙情勢升高，前線部隊更加緊張，我們駐守的小金門區域，與中共大陸最近的島嶼相距只有五百公尺，可以說是「外島中的外島，前線中的前線」，我們收到的指令是，共匪的水鬼隨時會摸上岸來，只要在海邊看到有異常的人影移動，馬上就開槍，格殺勿論，站哨時如果不小心，就會被水鬼摸走。

在肅殺的氣氛中，經常聽到有人不見了，而更令我們心裡不舒服是，不時會聽說又有人自殺了。

跟我在士校同一期的同學林江敏，一起被派到小金門一個地名叫后頭的村落，我們分別駐守的碉堡就在鄰近。阿敏非常不適應小金門的生活，可能跟我一樣想家，心情鬱卒低落，再加上他比較容易生氣，總是向我抱怨他的排長對他不好。有一天，阿敏跟排長吵架，意氣用事的十八歲孩子，回到寢室裡，手拿著槍坐在床上。一聲槍響，子彈穿過腦袋，倒下去。

聽到消息時，我從所在的碉堡衝過去，他的眼睛還在一眨一眨，幾秒鐘後，他就走了。

才剛到離島一個月，就面對這樣的慘劇，我那時心裡又害怕又慌張，想到往後還有八年役期，我怎麼待得下去？

我開始想辦法。在士校時就聽說部隊裡會選人參加跆拳訓練班，我跟連上的文書兵說我喜歡運動，請他如果有跆拳班招生消息，一定要告訴我。我一定要想辦法去受訓，就算是去要拜託連長和營長，我也會去。

我天天去問文書兵招生的消息。三個月後，跆拳班果然來招生了，連長早就知道我有強烈意願，很快就答應讓我去。也許他心裡也擔心我會跟同學一樣尋短，只得趕快讓我離開。

我在金門只待了四個月，就回臺灣到高雄鳳山步校受訓，受訓期間只要放假就可以回家。兩年後，當部隊再度輪調到金門時，我去原駐守的碉堡探望同學阿敏，祭拜他早逝的靈魂。這麼短的人生，又那麼苦，我對自己說：我不要這樣的人生，我要轉彎。

跆拳教練的意外發現

進入跆拳班，在高雄鳳山陸軍步校受訓，跆拳班主要是由外國教練訓練，我們運氣很好，那一期教官來自赫赫有名的韓國「白馬師」，白馬師原名朝鮮第九步兵師，曾在北緯三十八度線附近的白馬山，大舉擊潰北韓和中國共軍，是韓國軍隊中推行跆拳最徹底的一個師，派來指導我們的少校教官，名字叫梁海龍。

跆拳班裡，我的年紀最輕，才剛下部隊四個月就來受訓，跆拳班其他學員都是已下部隊兩三年，於是他們都叫我小鬼，常作弄我，和我打打鬧鬧。

這位韓國教官很喜歡罰人跑步，上課時常常突然叫一聲「出去！」同學就得罰跑操場，一罰就是整節課，在操場跑道一直跑，一跑就是四、五十分鐘。

上課時，排在我前後旁邊的同學都很調皮，正拳攻擊時，故意打我的頭，才

在幹訓班練出的跆拳身手（左）。被教官不斷罰跑操場，意外跑出了興趣。

剛要回手，教官看到我在動，就叫我「出去！」於是，我就去跑操場了；有時候，我沒還手，向教官告狀，結果教官還是叫一聲「出去！」我和被告狀的對象，都被罰跑。

每天四節的跆拳課，平均有兩節課的時間，我都在跑步。教官看得到的地方，我都很認真跑，他看不見時，我就用走的，還向同學做鬼臉。

我常被罰跑，但我跆拳也打得很好，韓國教官很喜歡我，說我天生有打跆拳的本領，最重要的是我夠調皮。我的基本動作很漂亮，上課需要示範動作時，他常點名我示範。

我曾經一心想要成為選手，代表陸軍出去比賽，可惜我太矮，手腳短，打拳占不到便宜，沒入選代表隊。教官還是很疼愛我，結訓時，教官想要留我當助教，但國防部沒批准。

練跆拳練到手背上的關節全是厚繭，腳底的皮厚到可以直接用腳皮捻熄香菸。受訓期間的八個月，有一半的時間我都在跑步，南臺灣夏天的柏油路被太陽曬得燒燙，冬天有刺人的含羞草，而我們上課都是赤腳，罰跑當然也是赤腳，我卻越跑越有興趣，知道自己很能跑。從此之後，我服役的期間，每天都跑。

陽春士官
娃娃兵

跆拳道訓練班結束後，回到原部隊。我所屬的工兵部隊，每兩年從金門移防回臺灣一次，幹訓班之後，部隊已移防回嘉義，我就到嘉義中莊的工兵部隊服士官役。

照理說，我從士校和幹訓班畢業，到部隊之後的掛階是中士，至少有班長可當，也可以當中士副排長，但到了部隊，卻發現不是這樣。

那時是一九七五年前後，一個工兵部隊有七十多人，其中有四十多人是一九四九年從大陸來臺的老士官，他們大多數原本都還在等蔣總統帶領他們反攻大陸回老家，一等就等了二十多年。老士官人數太多，以至於許多年紀很大的資深上士、中士，也還在幹副班長，我未滿十八歲，年紀這麼小，怎麼當得了班長。

在部隊裡，他們都叫我娃娃兵。我是掛中士的班兵，生活和任務完全跟一般班兵一樣。

我開始服役的那一年，服義務兵役的，是民國三十九年次（一九五〇年）出生的，比我大了六、七歲。他們都是木工、水泥工、水電工等技術工，分派到工兵部隊，國小畢業的沒幾個，會講國語的也沒幾個，連長對班兵宣布事情，總是需要輔導長用臺語重複一次，如果輔導長也不會講臺語，只好叫懂國語的阿兵哥翻譯，我與他們在年紀上、語言上和生活上都有隔閡，很難跟他們溝通，從此變得比較不喜歡講話，越來越沈默。

部隊在外島和本島之間來回移防，生活一閒下來，別的班兵大多是在下棋、喝酒、打屁聊天，有些人放假時會去金門「八三一」軍中樂園，抽號碼牌排隊等著進入有小姐服務的特約茶室小房間，我實在無法跟他們一起做這些事，所以，一有空我就去跑步，延續我在跆拳訓練班時的習慣。工兵部隊每天下午有兩個小時的休息時間，我就一個人，每天跑步兩小時。

我跑步，不只是打發時間，也是排解沈壓在內心的鬱卒苦悶。下部隊後的實際情況，與我在士校受訓時想像的完全不一樣，「我怎麼會來到這裡？」我不斷自問。在士校受訓時，一直認為畢業後就會當教育班長或是副排長，實際上卻是在當中士班兵。我在部隊的生活、在人群中，都是那麼格格不入。

我一個人跑步，部隊裡完全沒有人想要跟我一起，我跑得很孤獨。別說部隊，那個時代，臺灣沒什麼人在跑步，大白天在路上長跑的人，會被看成是瘋子或傻子。即使在十六、七年之後的一九九二年，我已經退伍很多年，去參加統一盃環島接力跑步，到了臺灣中南部，地方上那些阿伯看到我們這樣跑，會問我們：有人給你們錢嗎？你們每天是領多少錢，不然怎麼會這麼辛苦的一直跑？

我很鬱卒，阿兵哥好像也在笑我，即便是無心所說出來的一些話，我也很敏感。一般兵只要服役兩到三年，他們到了數饅頭等待退伍時，每天所講的話題就會變成「還剩幾天就可以退伍」，還會對我說：「我只剩兩百天，你還要八年多！」然後轉過頭去和其他班兵開玩笑：「怎麼有人那麼傻，要當兵當那麼久！」剩下一百天時又說一次，到了三十天再說一次，甚至有人會說：「你還有七、八年，如果我當兵要當那麼久，我會死啊！」

那時，我很後悔當職業軍人，若不是家裡因素，我不會在這裡。還有七、八年要這樣生活，我怎麼過得下去？

一有休假，我就搭火車回臺北，回到家中看到父親的臉，心裡才比較舒服。相較之下，家裡比部隊溫暖太多，父親也很高興，他的生活很苦，很期待兒子回家，我回家時，他會一直笑瞇瞇的，會燉排骨清湯給我吃，我喝著熱湯，配著爸爸自製的獨特口味湖南辣椒，就不想再回到部隊了。

我從讀士校開始就固定寄錢回家，那時每月可領二百四十元，學校輔導官要求我們，每月要儲蓄一百元，我寄一百元回家給爸爸，身上只留四十元。到部隊

部隊裡的青春。

後，月薪大約七、八百元，也是每個月拿三分之一回家。

部隊生活過得非常不愉快。過了好幾年，老士官長們差不多都退伍走光了，我也資深了，部隊裡的連長、排長、輔導長都比我資淺，我在部隊裡的日子才過得比較好。

熬了四、五年，升上士官長後，軍中生活終於不一樣了。當了資深士官長，等於是地下連長，也等於是連隊的顧問，連長也要來請教你，不必參加早晚點名，吃飯時，伙食兵會端飯菜到士官長室給我。

我仍持續著跑步的習慣，這時候，跑步已不是為了排解鬱悶，而是為了炫耀，時常帶著一整隊阿兵哥跑，展現自己的強壯，沒有人能跑得贏我。

走調的戰地前線

服役期間，只要有任何外出受訓的機會，我都盡量爭取。我在工兵部隊的保養廠當保養士官長，負責保管空壓機、挖土機、推土機等重型機械，因此每一種重機械的講習，我都去參加，還曾去臺中后里接受聯結車駕駛訓練。

我相信：只要肯學，學到了，就是我的。這些技能，一直到退伍後，都是我帶著走的能力，不論是找工作，或是辦運動社團活動時，都發揮了助力。

從軍是我的選擇，服役是我的任務。士校加上部隊，我在軍中歲月一共十年，國家讓我成長茁壯，給我學得技能的機會，但是，保家衛國的志氣，當兵打仗的氣氛，卻都在時代演進中，變味走調，尤其是在離島前線當兵的日子，後來回想起來，都覺得好諷刺。

當時有十萬軍人在金門，裡面有很多大陸來臺孤家寡人的老兵，有很多二、三十歲的青春少年，在那裡日日夜夜挖濠溝挖地道，沒日沒夜的擔心害怕，躲在陰暗坑道和潮濕水道。工兵部隊常有工程意外，許多人就死在水道、坑道裡面，每個月總是有一、兩個人掛掉，死一個人好像死隻螞蟻一樣，只是一件平常的事。

在前線，帶著真槍實彈，日夜風聲鶴唳，只要跟共匪講一句話，就會被槍斃，在廁所裡面寫一個反動文字，就會被判軍法。

可是，才不過十幾二十年，兩岸關係就有很大轉變，現在兩邊的人不但可以互相說哈囉，可以交朋友，還可以結婚，金門前線一直撤軍，從十萬大軍，現在只剩幾千人，金門變成一個觀光旅遊的地區，人們在街上閒逛娛樂，這是我在服役時，做夢都想不到的，我們那時有那麼多人在這裡付出了生命，現在回想起來好像是被「裝肖仔」。

「單打雙不打」長達一、二十年，像是臺灣和大陸軍隊兩方約定好了的遊戲，天天按時上演的連續劇，劇情很荒謬，我們只是其中的棋子，我們太年輕了，無法看得清楚，只有很少數的人看得出，當時就知道，那是一場打不起來的戰爭。

退伍後我曾再回到金門，去我待過的碉堡，想起在前線自殺的同學和那些意外喪生的阿兵哥，親眼看到金門現在的變化，真的不知該怎麼去理解這些事。時代相同，人也相同，天底下怎麼會有這樣的事？

後來我知道，從政治上去看，什麼事情都可能。

那時，我一心一意只想退伍，陪父親過著平淡生活。十五歲就入伍，我很想家，很想趕快退伍回家。

在金門前線，終於熬成士官長。

第三章
不斷轉彎的跑道

我的生涯轉變和臺灣社會脈動好像都有些關連，國中時，臺灣退出聯合國，我去了陸軍士校；下部隊時，老蔣總統過世，我在前線的肅殺氣氛下轉移陣地求生；退伍後，第一份工作遇到臺灣公路局改制，大量招考客運駕駛；覺得開車不是我的前途時，動物園剛好擴大開園，需要更多警衛。

守護貓熊圓仔的動物園警衛。
在臺北市立動物園工作二十七
年。

老陶的推薦信

我在一九八二年退伍，那時二十六歲。一退伍我就跑去向退輔會申請工作，退輔會介紹我去剛改制為臺汽公司的公路局開客運車。

為了找工作，我往退輔會跑了三、四次。那時，退伍的職業軍人會被告知：可以找退除役官兵輔導委員會介紹工作。一個同學跟我説，退輔會裡有位老陶，常常去「盧」他，就會有工作機會；萬一他不理你，就一去再去。

於是，我去臺北市館前路的退輔會辦公室找陶先生，前兩次的拜訪，他果真不理我，只叫我自己去看榮光周刊：「工作機會都登在上面了，不要一直來找我。」

因為有心理準備，我就一去再去，站在那裡向陶先生説，沒有工作，我快餓死了。最後，他終於為我寫了推薦書，蓋上輔導會推薦章，要我去臺汽公司試試：

「如果人家要你，你就去開車當司機。」

當你聽說哪裡有工作機會時，就要好好把握，不要不好意思開口，找公家機關的工作機會時，還要更主動、更積極。

剛好我有機械常識也會開大客車，順利錄取了。在軍中時，什麼特訓我都會去參加，除了跆拳班，也參加過空壓機、挖土機操作訓練，連那種裝載挖土機、大客車的大型聯結車，我也都會開。當兵這十年的時間，並不算白費。

偉士牌客運車司機

剛退伍時，用服軍職存下的錢，買了一部偉士牌機車。退伍前的月薪大概是七、八千元，一輛偉士牌花三萬多元。那時候偉士牌是最拉風、最好的機車，滿街都有人騎偉士牌載女孩子四處逛。

我每天騎著偉士牌，從士林去淡水上班，開著客運車從淡水走中山北路到新店。公路局客運的車掌年紀輕素質好，個個窈窕清秀，都是高中以上學歷。那時，女生的學歷這樣就算高了，她們不會把司機當成心中理想的交往對象。雖然每天和車掌小姐同車工作，一下班，她們就被約走了，我也不敢追。

面對交友，我可能有點自卑，我又矮又胖，退伍時體重五十五公斤，開車後，胖到八十五公斤，一上班就幾乎整天坐在車上沒有動，下班回家倒頭就睡。

客運車的駕駛朋友都很爽朗，司機同事們大都有吃檳榔，你一顆我一顆的，下班後相約喝個小酒，司機的生活大部分都是這樣子。我在軍中十年，一直持續著跑步，打了八年跆拳道，退伍後都沒運動，每天從早到晚就坐在駕駛座上面，一坐就坐了三年多，一不小心看看自己，會問自己：我怎麼腫成那樣，比退伍時胖了三十公斤，連彎下身去綁鞋帶，也很困難。

胖到那個樣子，也知道不能再這樣胖下去，健康已受到很大影響。

在市區開車，每天心臟都要碰碰驚嚇個兩三次，隨時隨地會有機車或路人突然衝出來，就要緊急踩剎車。每天在馬路上混生活，一整天下來，鼻孔一挖都是黑灰。

開車三年後，被調到臺北車站北站，駕駛中興號長程客運，從臺北來回開往埔里、新竹等路線。我每天在高速公路上想著，我才二十多歲，要開車一輩子嗎？客運界有句話，開客運車的人「手握生死簿，腳踩鬼門關」，我每天一上班，每一秒鐘都牽涉到一車上幾十個人的安全，壓力真的很大，我估計要等到退休，還要三十幾年，我想我不能再一直以此為職業。

我想轉行了。

一百六十三公分的駐衛警

命運叫你做什麼，由不得你，該做什麼行業，好像都是命運安排的。才正有轉行的念頭，一個士校時的同學就來邀我陪他去考駐衛警。

我就讀國中時，臺灣退出聯合國，軍方大舉鼓吹國中生報名軍校，我去了陸軍士校；下到部隊前後，老蔣總統過世，感受到前線的肅殺氣氛，我想盡辦法轉移陣地，進了跆拳訓練班並開始跑步；退伍後找第一份工作，遇上臺灣公路局改制，大量招考客運駕駛，我成了大客車司機；正覺得開車不是我的前途時，臺北市立動物園要遷移到木柵擴大開園，需要大量的駐衛警。

一九八六年，臺北市立動物園從圓山要搬到木柵，我聽說國軍退輔會要輔導退除役官兵，去當動物園駐衛警。當時跟本不知道駐衛警是做什麼的，跟警察有什麼關係，由於已決定要離開客運司機工作，所以我問退輔會人員：「我可以去嗎？」他們答應幫我登記，而我必須向警察局報名參加考試。

我一看簡章，天啊，這上面要求報考駐衛警的身高，至少要一百六十五公分。而我差了兩公分，體檢這一關就過不了，該怎麼辦？找我一起報考的同學說，可以去試臺北市某一家醫院的體檢，聽說比較寬鬆。我領了檢體表，到了體檢室外，首先量身高體重，辦理的護士竟叫我們自行將身高、體重等基本資料填好，再進去檢查其他項目。所以我就填上了合乎資格的身高，通過了身高的門檻。

動物園駐衛警。一做二十七年。

書審過了，面試時，差一兩公分的高度肉眼是看不太出來的。

體檢之後要面對筆試，我考試的成績一向不好，本來很沒信心，但是竟然讓我考上了，反倒是一起報考的那位同學，平時讀書考試的成績比我好的他，最後落榜了。我想可能是我面試時的表現比較好，我在面試之前，去理了頭髮，穿得整整齊齊，而我同學穿得比較邋遢。

就這樣子，我到動物園當警衛。其實也沒什麼受訓，當時覺得好像很簡單就能當警察了。分發到動物園，拿到一套和警察同樣的制服，開始我的值勤生涯。

當時動物園駐衛警有三十多人，輪班值勤，與開車相比，算是輕鬆的了，只是，我閒不下來。可能我從小出身比較基層，又在外島待過，想得比較多，我跟同事說，大家現在做的事差不多，二十年之後，彼此的差別就會出現，要怎麼不一樣，就看現在有沒有多做不同的事，有沒有開始規畫，我勸同事要趕快培養其他興趣，規畫未來的生活，不然日子過得越舒服，時間過得越快。在這裡有基本的工作收入，我就能做一些我最想做的事。

警衛工作有較多彈性時間可以安排，輪夜班時，白天就可以做自己的事情。身材在開客運車時已胖到變了形，動物園的工作時間比較好運用，園區又在山裡，我想恢復跑步。我開始天天在木柵動物園區裡面跑步。那時，我家已搬到芝山岩，假日時，就從芝山往郊區跑。

參加第一場全程馬拉松（右三），就跑出三小時二十分，信心大增。

路跑俱樂部

有一個星期日，我自己跑步，跑到外雙溪望鄉橋，看到一群穿著大龍峒慢跑俱樂部運動衣的人，二十幾位，有男有女，集結團練要跑上山去。以往我一直是獨自一個人跑，看到那麼多人在一起跑，好羨慕。

那天晚上，我打電話給大龍峒慢跑協會的會長陳國興，告訴他我想加入。他叫我當天晚上去他家，向我說了一些跑步的歷史，我眼前好像開了一扇窗，看到了不曾認識的跑步世界，第二天早上，我就去參加他們的每日晨跑。

繳了入會費一千元，拿到一雙跑鞋和隊服，很興奮，之後每天早上都跟著隊友，沿河邊堤防跑步，然後在廁所換掉衣服，直接去動物園上班。

剛參加大龍峒俱樂部時，隊裡的高手隊友對我來說簡直是神一般的存在，他們隨便一跑就是十公里、二十公里，速度很快，還能邊跑邊聊天，跑完輕鬆自在。那時我很胖，一公里都跟不上。每次團練，一堆人跑出去，我總是在後面，連女孩子都能把我遠遠甩在身後。

大龍峒的跑友教我跑步，告訴我開始要怎麼跑，他們跟我說：像我那麼胖，肚子那麼大，剛開始要跑學校操場，不要在外面的水泥地上跑，才能避免受傷。我一天一天、一圈一圈地慢慢來，逐漸增加到十圈，再增加到二十圈。兩個月後，我差不多瘦了七公斤，跑步真的很容易瘦。剛開始恢復跑步時，因為很胖，每次都很不舒服，幸好在很胖的時候我也撐過來了，後來就越跑越輕鬆。

持續勤奮練跑，跑著跑著我發現：自己的速度已經與隊上的快腳不相上下，大都可以跟得上。過了半年，陳會長遞給我一個活動簡章，問我要不要去參加環臺路跑。

第一次參加統一盃環臺接力賽
痛苦跑了七天。

痛苦的七天環臺接力

一九九二年，統一公司舉辦統一盃環臺接力賽，是國內早期引領風氣的繞行全島長跑接力活動。賽前去參加說明會，發現獲邀者都是高手，何信言、李光雄、廖本達等等，全是國內有名的長跑選手。那一次活動找了三十人，我是其中一個人，覺得很光榮，但也有點害怕。

每個人一天要跑四十公里，相當接近一個全程馬拉松，每公里配速要求五分鐘，這與我當時跑馬拉松最佳成績的平均速度差不多，但這次是要連續跑七天。

統一盃發給每位選手每天一千元的營養費，那時候一天一千元是很高的金額，被邀請的都是國內頂尖的長跑選手，可以說都是半國手以上的水準了，而我參加大龍峒俱樂部正式練跑才八個月，只懂得一點長跑的皮毛。

三十個人分五組接力，每組六人，六人一起跑，早上由第一組跑二十公里後，由其他四組陸續接棒，下午同一組六人要接棒再跑二十公里。每天五組人，共累計前進兩百公里，七天繞臺灣一圈共一千多公里。

長跑最重要的是配速，起跑前，同組跑友們討論著每公里配幾分，我聽不懂，更不知道自己該如何配速。他們決定一公里配四分半，同組六個人一起跑。大會規定，任何選手落後同組的人兩百公尺以上的距離，就要強迫上收容車，也就是說我必須跟他們的速度一致，每公里跑四分三十秒，我咬牙硬跟著。到了後面幾天，我的內心在哭喊：怎麼那麼苦啊，到底是誰叫我來的呀，沒事來跑這什麼步啊？

七天，我整整痛苦了七天，因為同組的是蘆州山野俱樂部的快腳，他們每一個人跑馬拉松的成績都在三小時以內，比我三小時二十多分的成績好很多，跟著他們一起跑，非常吃力。

他們像鬼一樣，快速地跑，跑步的同時還能聊天，看我跟得很吃力，會開玩笑說：「你不要那麼慢啦。」我哀求他們，可不可以依照大會排定的速度，放慢到五分速，他們回我：「跑太慢，我們的腳會痛啦。」

偶爾還會被調侃：「我們練得要死，你連練都不用練，就來和我們一起跑。」這話很酸，話裡有不屑。我只能硬跟，硬撐四分半速，跟他們一樣。每天都比前一天更痛苦，我告訴自己，如果就在這裡放棄了，回去要怎麼面對推薦我來的隊友們。

倒數第二天，跑到宜蘭，已經撐不下去了，身體再也沒辦法負荷。每踏出去一步都覺得有一萬公斤重，想到後面還有往臺北的北宜公路，九彎十八枴外加長長的上坡路段，意志都要崩潰了，心想自己怎麼可能跑得上去。身體已開始發燒，體內覺得很熱，但體表卻量不出發燒，後來才知道，那是橫紋肌溶解症的前兆症狀。晚上睡覺，翻來翻去就是睡不著，又很擔心如果沒睡的話會沒體力，隔天上場會更慘。

但是，跑完這七天回來，就完全不同了，人的極限一旦突破，有很大的變化。七天環臺回來的一個多月後，我第一次參加馬拉松，就在曾文馬拉松，創下破三的佳績，跑進三小時以內，比起之前的馬拉松成績，一下子進步了二十分鐘以上。

馬拉松界有個說法，業餘跑者全程馬拉松能跑進四小時，才算馬拉松跑者，跑進三個半小時，算是快腳，跑到三小時以內的，可以算是選手級了。參加環臺接力後，連續十多場馬拉松，我都維持在三小時以內的實力，而且常常獲得前幾名的優勝獎盃。

咬得住痛苦

環臺接力賽那七天的痛苦煎熬路途中，我心中浮現一句話：「要咬得住痛苦」，這句話，成了我往後幾十年的座右銘。

跑馬拉松，是一種包括身體和心理的全身搏鬥，全身上下都不舒服，而且拼搏的對象不是別人，正是自己，跑過的人就知道。在搏鬥時，要高強度的跑完全程四十二公里一百九十五公尺，在跑了半程以後，會開始估計這次是否能破自己的記錄，只要有機會，即使只把記錄向前推進幾秒鐘，後半段的二十一公里，也要保持全速，不能放鬆。

跑到二十八到三十三公里間，隨時可能會出現痛苦的「撞牆」期，前面好像有一大道無形的牆，身體不聽使喚的停頓下來，神智會恍惚，會有一萬種聲音叫你停下腳步，叫你放棄，叫你不要為了那一兩分鐘，甚至只為了那幾秒鐘，這麼苦幹嘛。那一刻要能撐住，如果堅持得住，過了三十五公里，會衝過撞牆期；若不能咬得住痛苦，一旦放掉的話，即使前面跑得再好，最後還是輸了，輸給自己。

還好，我咬住了。環臺最後一天，本來擔心自己撐不過那最難的坡段九彎十八枴，結果那一段路輪到另一組接棒跑。最後，我總算堅持到底，完成了。

環島回來之後再參加比賽，每次都能拿分組成績前五、六名以內的獎盃，有時還會進入總排名十名以內。

現在回想，幸好當初環臺時沒有放棄掉，否則對我的馬拉松生涯會留下心理創傷效應。往後跑任何一次馬拉松，在最痛苦的時候，我會不斷對自己說：要咬得住痛苦，要跟得住。

馬拉松講究的是速度和耐力。這麼多年跑下來的心得之一是：耐力好練，速度難求。一個人跑步的時候會有惰性，有一個隊伍可以跟，跟著團隊的腳程，而且要跟得住，才會進步，否則會一直停留在自己的原有腳程。

那七天對我來說好像是留學深造，回來以後天靐變，速度和姿勢都不一樣了。那幾天，一起環臺的高手們，無論是跑步在途中或在車上休息時，話題都是馬拉松——如何穿，如何吃，如何自主訓練，起跑後眼光要看哪裡。他們教我：爬坡時，若眼光看太遠，會覺得怎麼爬得上去，所以只要看前面三公尺。

回來以後，怕自己腳程又掉下來，每天早上四點，我就騎車去八里米倉國小，與蘆州跑友會合，一起跑上觀音山，休假時間較寬裕，跟隊友一起跑完後，我會自己加碼，再跑上山頂一次。

動物園有一位同事跑友李明吉，小我十二歲，他也很會跑。休假時，我們兩人經常會從士林跑上陽明山再到金山，三十多公里的路程，吃了鴨肉再坐公車回來。或從士林法院爬上七星山主峰，去冷水坑泡溫泉，再跑回來。

跑步在我的生活中越來越重要。

合歡山馬拉松。

獎金獵人

跑步在我的生活中越來越重要，我也越跑越快。我可以每公里配速四分半，後來再推進到接近四分鐘。馬拉松可以跑到平均每公里配速四分鐘，對我這個半路自學出道的矮個子業餘跑者來說，是一種美妙的境界。但同時，我也跑到了接近走火入魔的地步。

那幾年，只要報名了賽事，我在賽前就有一種清楚而強烈的慾望，要拿到獎盃、得到獎金，簡直是獎盃獵人、獎金獵人。參加比賽的前一晚就會開始興奮，當天一大早抵達現場，我們幾個常得獎的跑友，就去看獎盃，我會指著其中一個獎盃說：「等一下這一個就會是我的。」簡直到了囂張的程度。有時還會對大會工作人員開玩笑，指著獎盃說：「這個獎盃製作得不夠好，獎金不夠高。」

我參加統一長跑隊，雖然沒有薪水，但有獎金制度，代表統一的團隊去參加各種比賽，獲勝會有獎金，拿到前十名，還能向統一公司申請獎金。

雖然都是跑步的人，每個人對於跑步各有不同心態，為何而跑的理由也都不盡相同。我那時候的想法是，我要當獎金獵人，我要拿到獎金。對於這個目標，我樂在其中，全神投入。那時候太年輕了，不懂得什麼是健康，也沒想過這種走火入魔式的跑步，會帶來負作用。

上臺領獎盃的時候，覺得那是一種榮譽，我在讀書時，都不曾上過領獎臺，而現在，靠跑步就能上臺，我真的很享受大家在臺下給我的掌聲。這就是我的慾望，這就是為什麼我愛馬拉松。虛榮感作祟，有時會忘了自己是誰。拿到那個獎盃，會樂到認為別人不如我，從臺上走下來的時候，如果遇到一些跑友想跟我講話，我還不大愛回話。

現在想起來，以前在馬拉松比賽現場，有慾望、有榮譽感，我很喜歡這種感覺，也因此產生了動力，支撐著我每天清晨四點天都還未亮就想要練跑的毅力，每一個星期都為自己定下進步的秒數，想著下個星期要再去打敗誰，練跑時會為自己設定目標，這次拿到第三名，我下一次要拿到第二名，就是有如此強大的慾望。

我一直持續地每天早上四點鐘就出去練跑。一九八九年我和太太結婚，婚後七年我們才有了第一個孩子。那七年，我整個腦筋裡想的也都是跑步，太太總說我走火入魔了。上班的空檔想跑步，下班回到家裡只休息一下，晚上八點多就上床睡覺，早上三點半起來，就去跑步了，從士林住家跑到蘆洲，去和跑友會合跑步。有時候早上跑不過癮，下午還去操場做間歇跑，訓練速度。那幾年，我每個月累積的跑步距離高達五百公里。

就是如此強度練跑，跑步方式又是土法煉鋼，運動顛峰達不到十年，我的腳就病變了。

跑步贏得的獎盃，是家中最主要的裝飾。

為獎金獎盃而跑。

腳傷後的三項運動

我最會跑的時候，身體使用過度，又不知保養，長期累積下來，左膝半月軟骨受傷了，而且傷得很嚴重。

我的腳傷讓我捶心肝，不是因為疼痛，而是因為無法跑得快。那時我家已經搬到木柵，每天去政大操場，想跑，但一跑就痛，一柺一柺地根本無法正常跑步。我非常沮喪，曾經那麼會跑，現在竟一點點都無法跑。

那時實在太難熬了，心想管它三七二十一，跑去診所要求醫生打類固醇，就是想跑。打過，好了一兩天，又痛了。又去打，過了幾天，又一樣。

後來真的不能跑了，醫生建議我開刀。

二〇〇〇年，開刀半年以後，才開始再跑，那不能跑的半年期間，我買了舉重機、仰臥起坐器、啞鈴、伏地挺身手握器、跳繩等等，在家裡自己練體能，還在廚房門框上釘了一個單槓，不斷地做各種輔助運動，想要保持體能。

我還買月票上健身房，天天去，目的是流汗，維持腳部以外的運動。健身房練了一陣子後，為了均衡性運動，開始到住家附近的政大泳池學游泳。

學游泳的過程並不順利，去政大泳池時，我不會游泳，年紀又大，四十四歲才開始學，不好意思請教別人，每一次，我都先躲在角落，看別人怎麼游，自己再下水，想像著剛才看到的樣子，依樣學著游。

學游泳難免會嗆到水，嗆到時很難受，認得我的救生員看到，會故意說，「吳兄啊，不要把我們泳池的水喝光哦！」他故意講很大聲，別人都聽得到，我那個臉往哪擺？我好嘔，有幾次想放棄，但我又鐵齒，心想我一定要學會，就改成正中午才去游，那個時間救生員換班去吃飯，泳池內的人也比較少，嗆了水也沒人看到。

許多技能都是這樣，學久了，就會了。亂游半年，開始有點樣子了，不會再嗆到水。

學習游泳兩年後，有跑步的朋友帶我去游新店溪上游青潭堰。那裡水很深，似乎沒有底，我會怕，買了一個魚雷浮標確保安全。游了兩年，才終於不用魚雷浮標，可以自在地用自由式游三千公尺，也能跟得上一般玩家的速度。為了在開放性水域保命，我又學蛙式，可站在水中三十分鐘不會下沈。

之前我一直對騎腳踏車反感，因為臺灣交通那麼亂，不是騎腳踏車的好環境，後來因為腳被我操到過度疲勞，有跑友建議我去騎自行車可以當成復健。我買了一部俗稱買菜車的簡單腳踏車，常常一個人就從木柵騎去十分寮。膝蓋開刀後，醫生叫我不能再跑了，建議我多騎車，來加強腳部周邊的四頭肌，加強膝蓋四周的肌肉，撐住膝蓋。我做什麼都習慣設定目標，挑戰自己，不知不覺就越騎越多，越騎越遠。

以前總以為腳踏車很簡單，踩了就能走，後來發現，騎車也是一門學問，剛好看到中華民國自由車協會在辦裁判講習，要到高雄受訓兩天。我最喜歡各種受訓，就找我哥哥一起去，在那裡認識很多自行車界的朋友，學到不少腳踏車的相關知識，了解三鐵車、公路車的差別，以及公路車騎乘法、正確姿勢、如何踩迴轉速。

騎車騎出心得後，我花了一萬元，向朋友買一輛中古的捷安特 OCR 第一代自行車。這車不便宜，我覺得要好好的使用，使用密度更高了，每週騎出去三天，後來還給我兒子接手繼續騎。

我最大的興趣是跑步，也一直自認是馬拉松跑者，腳部發生問題以後，曾經非常沮喪鬱悶，覺得運動生涯就要結束，幸好，為了復健而做的游泳和騎自行車，慢慢從中摸索出興趣，到後來，讓我可以發展出更有意義的運動生涯，為後來的盲人協力車環臺以及癌友單車環臺開啟了契機。

我帶著「臺灣阿甘」張文彥等多名視障者去跑步環島，仿照之前統一盃的分組接力模式，讓視障者每兩人為一組，每組跑一段，陸續接力。

由於有這次帶身心障礙者的環島經驗，基督教救助協會來找我，他們想辦理協力車環島活動，要我提供之前環島的經驗，並邀請我和張文彥擔任活動代言人，因此我的第一次騎腳踏車環島，是用明盲協力車，載著視障的張文彥。這比起自己騎，要困難很多。

真是一個很高難度的挑戰，有時我要右轉，看不見的張文彥會向左轉；有時我緊急踩剎車，他卻用力踩踏板加速；已經爬坡了，我咬牙使力，他還在後面輕鬆接電話。到現在為止，好像還沒聽說有人再做這麼瘋狂的事。

游泳、自行車、長跑，三種運動結合起來的「鐵人三項」，我也參加了很多次。從這三項運動，我學到很多，也體會了很多。

我在鐵人三項領悟到，這三項運動的精神，可以運用在做人處事，而且剛好是一個人要在社會上生存發展的三項基本要素。

游泳要軟不能硬，在社會上做人處事要放軟，你若硬，永遠拚不上某些人。騎車是借力使力，不能蠻力，在社會上要達到目標，不能只靠自己，要與人合作，要靠人幫忙。跑步是一種堅持，咬得住痛苦，做事不能堅持的話，往往半途而廢。

在瓶頸中轉型

人生會發生什麼事，有時想想真的很微妙，人要走哪一條路，似乎冥冥之中已經安排好了。

一九九二年起，我跑步的高峰持續了七、八年，其中，我大兒子在一九九五年出生了，不久後又認識了視障跑者張文彥，我把一些時間用來帶張文彥跑，帶領他跑時，我的速度會減慢，因此，我會在下午時自己再到師大分部練速度。

雖然在馬拉松比賽仍然經常拿獎牌，但到了一九九六年前後，我開始遇到瓶頸，一直想要跑進兩小時五十分以內，卻一直無法突破，有一度還超過兩小時五十九分才抵終點，連「保三」都差點破功。一而再、再而三的挫折，心裡產生了障礙。

一直一直突破不了自己的速度，會很懊惱，我一再練速度，一圈操場四百公尺我跑到六十秒，怎麼都進不了五十九秒，馬拉松也一直破不了兩小時五十分，志氣漸減。我開始想，或許我應該試著轉型，好好的當視障者的馬拉松陪跑員和教練。

一九九六年，當我腳出現不適之後半年，視障跑者張文彥出現，開啟了我轉型的契機。

張文彥來找我的時候，我的腳已經受傷了，但我還一直想突破自己的記錄，每次想要突破自己，第二天腳就會感覺不舒服。腳開始在病變了。跑勤一點、激烈一點，腳就開始痛。

張文彥出現在我平時練跑的中正高中操場。他來找他的朋友，透過朋友來找我，希望我能帶著他練馬拉松。

我那時候想，反正我也沒辦法突破自己了，他那麼有心，這個人，看那個體格、看那個腳形，應該還有進步的空間。他說他馬拉松成績大約是五個小時，我看他還有進步空間，我說：「好，我來帶你。」

我心中升起一個念頭，我要把自己僅有剩餘的價值，投入在他身上。

CHARTERED NAIROBI MARATH
FINISH
42KM
33
10KM FINISH

第四章 他人的夢想

全盲的人，自己一個人不可能跑步，他的背後一定有人引導，我就是那個背後的引導者，我知道背後的價值，也享受著這個價值。終點的那種快活、那種滿足，我在背後，我全部看到。

CHASE
X9510

五十公分的繩子

在跑步的瓶頸中轉型，我想把我自己僅有的剩餘的價值，投入在他人的身上。

張文彥是臺灣第一個完成全程馬拉松的盲人跑者，最早是由劉文和教練訓練他，在一九九一年太平洋盃花蓮馬拉松賽，完成臺灣第一個正式的盲人馬拉松。一九九六年十一月，他在臺北啟明學校黃雪芳老師帶領下，第一次出國參加美國紐約馬拉松，跑出四小時五十八分二十四秒成績。

回國後，他對馬拉松的狂熱快速增溫，想要再拉升成績，希望能代表臺灣參加更多國際視障馬拉松比賽，透過曾一起去紐約參賽的腳部肢體障礙馬拉松跑友沈訓連，找到了我。

我心想，如果經由我的協助，能看到他進步，從五個小時進步到四個半小時，甚至進步到四個小時，也許我有機會攀登跑步生涯的另一座高峰，雖然主角是他，跑到馬拉松終點線時，受到掌聲的是他，但因為他每跑一步，我都要帶一步，他進步的成果，還是有我一半以上的貢獻。

當天回家跟我太太講，我不要自己跑了，有一個盲人叫我帶他，我來帶他好了。她也贊成，「反正你自己愛跑，你高興就好了。」我就開始在中正高中的操場，帶張文彥跑。

張文彥的職業是按摩師，但他跟我的興趣相同，他想跑步。跑步也是我第二生命。第一天，我就對他說了三句重話。

第一句話，我對文彥說：「你不要把這件事當作好玩，不可以把跑步當成好玩，今天跑一跑，明天後天就不跑了。」

第二句話，我說：「你是全盲，但你也是跑者，作為一個跑者，就要有旺盛的企圖心，運動員的成績，只要第一不要第二，第二沒有人理你！」我對他說：他今天要叫我帶他，我對跑步成績有旺盛的企圖心，所以他也要把自己的成績向我拉近，邁向他自己夢想的成績。

第三句，也是我時常用來激勵自己話：「跑馬拉松的最高境界，就是咬得住痛苦，你要咬得住痛苦。」因為馬拉松全程超過四十二公里，跑到三十五公里以上時，全身是不舒服的，任何選手都一樣。這是人體極限，但是要咬得住，咬得

牽引盲人臺灣阿甘張文彥全力衝刺。

住痛苦抵終點，成功就在那裡。跑馬拉松真的是很苦，你要咬得住痛苦，那口氣你咬不住，中間放掉，你就輸了。要贏，也就贏在終點。

我說：「這三點你要記得，我才帶你跑步。」他說好。文彥很不簡單，我要求的三件，他都做到了，也超越自己跑步的極限。

每天早上，張文彥從南京東路搭計程車到士林的中正高中操場，我們兩個人抓著一條五十公分長的繩子，一起跑步，結束後他再搭計程車回去，每天來回要花五百元車費。

馬拉松全長四十二公里一百九十五公尺，在標準型四百公尺的操場跑道，要跑一百零五圈。我剛開始帶他的時候，就嚴格的操練，有時他被操練到在操場上嘔吐，操場上做休閒活動的歐巴桑看到了，對著我罵：「人家看不見，已經很慘了，你還把人家操成這樣，你這個人，心真壞！」

不過，文彥到現在還感謝我當初把他操成這樣子。一起跑步的半年後，我們第一次出國，參加一九九七年十一月的紐約馬拉松，他的成績，一下子進步到四小時零八分，推進了將近一個小時。

他能跑到四小時零八分，我也很滿意。他付出很大的努力。我曾經為了體驗文彥跑步的感受，把眼睛矇起來，請朋友帶我跑，差不多十公里，我就跑不下去了，因為蒙著眼睛沒有安全感，也缺乏距離感，會比正常人更早出現疲勞感。

我連續帶領文彥十二年，帶他這些年我很滿意，比我自己跑還有意義。在這之前的十年，我只是為我自己而跑，但後來這十幾年是為文彥而跑，而文彥不只為自己而跑，他也是跑給大家看的，他跑給所有盲人朋友看，跑給所有喪失志氣的人看。所以我帶他這十二年，我覺得自己做出第二個有意義的事了。

他跑出的成績，開啟一個新的可能性，他證明自己的人生可以不一樣。這對許多人來說，都是激勵。

用一條五十公分的繩子，和臺灣阿甘張文彥一起跑向不同的人生風景。

助人實現夢想別人的夢想，也是我的

只要很努力的持續做一件事，就會發生很多奇妙的事。我帶張文彥跑，原本設定的是能在國內推進他跑馬拉松成績，就算達成目標了，最多能想像的是，或許可以爭取代表臺灣，出國比賽一兩次。但後來的發展，超出我的想像。

因為那時候他是臺灣最早跑馬拉松的盲人，漸漸跑出的佳績，引起更多注意。開始有金車、渣打等公司來贊助，贊助我們參加國外馬拉松，美國、日本、韓國、新加坡、泰國、印度、肯亞等等，總共跑了十五個以上國家。

我們兩個人，一盲一明，彼此用一條五十公分長的繩子牽著，跑遍全世界。這樣子牽著，又一起去挑戰攀登臺灣第一高峰玉山、日本富士山，又一前一後騎著協力車，兩度完成環臺挑戰。

帶領視障的文彥長期訓練、四處跑步登山騎車，有多很甘苦，除了體能的挑戰和跌倒摔落的風險外，要帶著他適應不同的環境，要關照他的健康狀態，還要體貼他的內在心靈。有時候，當他意志低沈，我會找一些馬拉松選手的勵志故事說給他聽，當訓練遇到瓶頸時，我會帶他來我家一起吃飯，和我的全家人一起去郊遊。為了配合訓練時間，我只好推辭駐衛警小隊長的職務，每個月因此少了三千元薪水。

看似我為他付出了許多，但是，我得到的更多。

我跟張文彥一起跑了很多地方，比我自己跑步，跑了更多的地方。我自己跑，只是在國內，我只是業餘跑者，沒有經濟能力可以到世界各國去。擔任文彥的教練後，我有了更多機會跑到更多的地方，臺灣區運動會、全國運動會、殘障亞運、紐約馬拉松等等，我都獲得工作單位核准，請年休假方式帶他出去跑。

雖然跑步時，我只是引導者，正式選手是他，最後的成績也是他的，但是，當抵達終點時，現場所有人為他歡呼鼓掌的畫面，他看不到，而我享受到了，我享受他在終點受到的掌聲。

全盲的人，自己一個人不可能跑步，他的背後一定有人引導，我就是那個背後的引導者，我知道背後的價值，也享受著這個價值。抵達終點的那種快活、那種滿足，我在背後，全部看到了。

突破身體的障礙，跑向全世界，這是文彥的夢想。對我來說，完成別人的夢想，也是我的夢想。我以這一句話，當成帶文彥的動力，我幫助他完成了他的夢想，成為我的夢想。

帶領文彥的經驗，我因此也有機會協助其他更多不同障礙的朋友。二〇〇八年，我們辦了一次「看見希望的路口」視障跑者接力環臺挑戰路跑，五位視障選手包括張文彥、賴智傑、林信廷、林崇榮與黃火運，我擔任總教練，從臺北一〇一大樓出發，每人每天跑二十公里接力，經過十三天長跑，逆時針環島一周，完成這個在臺灣的首度壯舉。

而在二〇〇六年底，我們也發起策畫了一次集合多種障別跑友的自行車環臺，我用協力車帶著視障的張文彥，再加上聽障的廖永仁、肢障的蕭潮樑、以及顏面傷殘的郭憲輝、唐氏症的陳麒仁組成的「五寶」，由五個家庭成人與子女組成的「五福」團隊陪騎，連續騎十四天，繞臺灣一圈，宣導不受限的健康，鼓勵大家都走出來運動。這一次由中華基督教救助協會發起的協力環臺活動，還為國內一千個急難家庭募得一千兩百多萬元急用金。

因為轉而為他人而跑，為人助跑，我的跑步生命反而更加開闊，陸續實現了我原本沒想像過的許多事。

一九九八年獲選殘障運動臺灣區運動會臺北市代表隊教練。

一九九八年當選臺北市十大優秀教練。

CHASE
X9510
adidas
ALGERIA
X9569
CHASE
X2762

4001
33
4009

左頁｜牽引張文彥登上玉山頂。
右上｜五十公分的繩子一線牽。
右下｜到肯亞參加馬拉松。

右上｜媒體訪問文彥，我退到一旁享受帶領張文彥跑到終點的成就感。
右中｜媒體訪問文彥，完成他的夢想也是我的夢想。
右下｜為夢想而跑獲得贊助獎。

左上｜二〇〇五年與視障朋友協力車環臺。辦更多類型活動，幫助更多人走向陽光。

一九九九年獲得行政院體委會推行體育有功人員精英獎。
一九九七、一九九八年連續兩年獲邀參加紐約馬拉松擔任隨團教練。
一九九九年獲選為泰國殘障亞運馬拉松陪跑教練，引導張文彥獲銀牌。
一九九九年參加國際盲人登臺灣玉山大賽擔任引導教練，二〇〇〇年參加國際盲人登日本富士山擔任引導教練。
一九九九年參加日本宮崎第十三屆馬拉松大賽擔任臺灣隊隨團教練。
二〇〇〇年參加全國殘障運動會擔任臺北市、臺北縣田徑教練。
二〇〇〇年當選臺北市榮譽市民、臺北市傑出市民。
二〇〇五、二〇〇六、二〇〇七年獲渣打銀行贊助參加香港、肯亞、新加坡、印度四站國際馬拉松邀請賽，擔任代表隊教練。

為更多人而跑

由於帶領身心障礙者跑步，我參與規畫和辦理的路跑活動和自行車活動，越來越多，也從中學習如何把人組織起來，把活動辦好。

自一九九二年的統一盃環臺回來，統一企業申請成立中華民國三項鐵人協會，邀請參加統一盃的選手成為協會發起人，從此，統一盃的活動，我都參與事前籌畫和現場的工作，開始接觸辦活動的實務經驗，從如何寫計畫書、申請路權、場地帳篷怎麼擺、跑者選手動線如何安排等等，一項一項學習，每一場次的工作分配都不一樣，有一次我被分配到去機場接國外的選手，在每一次工作中累積經驗，這和只以跑者身分參加跑步活動，有很多不一樣的收穫。

第一次由我發起主辦的路跑是在外雙溪，和張文彥的第一個啟蒙教練劉文和，一起舉辦第一屆盲人體驗路跑活動。很多啟明學校的師生來響應，活動辦得很成功。劉教練也認為，張文彥應該由選手角色，逐漸轉型，扮演推廣者，帶動

更多盲人出來運動。後來我協助文彥成立「臺灣阿甘精神發展協會」，由協會來辦理更多視障運動。

我在大龍峒慢跑協會也慢慢成為活躍的幹部，一起在外雙溪等地辦理路跑活動，漸漸成為臺北地區許多路跑活動承辦人之一。之後我陸續發起成立了五個社團，第一個是中華視障路跑協會，第二個是臺北市慢跑協會，第三個是協助張文彥成立臺灣阿甘精神發展協會。

成立第四個社團中華民國慢跑協會時，我生病了，被檢驗出大腸癌，康復之後，逐漸把重心轉為癌友服務，成立臺灣抗癌協會。這五個協會我都是發起人代表，除了視障者團體之外，我都擔任第一任理事長。

在香港參加視障三項鐵人接力賽。

左上丨帶領張文彥環臺跑步，
沿途有學生運動員陪跑。
左下丨帶著盲人張文彥到中小
學校園宣導路跑運動。

跑友馬先生的幾句話

跑步不但擴展了我的生活，也拉寬了我的視野。

有一天，我去參加一個馬拉松活動，碰到馬英九先生，他也來參加跑步，那時候他好像是擔任陸委會副主委，但我並不知道他的身分，只知道他很帥、很有名，剛好跑在他後面，也就跟著。

後來有一天，我在木柵動物園外面跑步，又碰到馬先生，他跟兩、三個朋友一起從景美方向跑過來。我很自然的跟著他們一群人跑，並開始和馬先生彼此認識，他幾乎每個禮拜天都來跑，我們經常有機會一起跑，並交換跑步心得。

馬先生人很客氣，我們從不談政治，他跟我説，跑步的最高境界是不與別人比，馬拉松的最高境界是自我挑戰，今天比昨天強，明天又比今天強，那就成功了，不要讓今天輸給昨天。

後來馬先生的職位越來越高，當選總統之後，他就無法和以前一樣，自在地在路上跑了。不過，熱愛跑步的他，也以實際行動協助了許多跑步活動，我與「臺灣阿甘」張文彥辦理的關懷視障者路跑活動，他來參與很多次，給予我們很大的鼓舞，在現場總是親切的詢問我和阿甘，有什麼需要協助的地方。

二〇〇九年我太太和我相繼被診斷出癌症，半年後太太過世，在為太太辦完後事，我自己也剛結束化療不久的二〇一〇年八月，我到為身心障礙者而辦的「光仁陪你慢慢跑」活動現場做準備工作，因為這場活動，是我在被診斷出大腸癌之前，就已經承諾光仁社會福利基金會要辦的慈善路跑賽。

那天，我的兩個兒子也來現場幫忙，我哥哥也來當志工，我的體力還虛弱，但參賽跑友有兩千多人，場面熱絡，我的心也跟著熱了起來。開跑前，也來參加這場活動的馬總統，握住我的手說：「你要保重，需要幫忙的話，一定要講。」

太太一起上臺分享榮耀，是我對太太和岳母能做的最大的一件事。

由於我不敢讓外人知道，很少人知道我和我的家在這一年來遭遇的巨變和打擊，我沒想到馬先先會這樣對我說。那一天清晨，馬先生提前到會場，並參加整場活動，這是一場並不吸引媒體鎂光燈的活動，他親自用手牽著智能障礙的跑友，並肩跑完三公里，還主動關心我的狀況，我很感動。

右頁｜牽引張文彥登玉山。
左上｜一九九八年出國比賽後回國接受李登輝總統表揚勉勵。
左下｜和馬英九先生一起跑。

第五章 同命鳥

將結婚喜鐘拿下來保養，指針卻因此突然停擺，事後回想，這是一種徵兆？

面對親人卻嚇得要命的經驗，從小一直種植在我體內，無法抹去。那是我國中二年級的某天下午，從學校被人叫回家。媽媽出事了。

九公里小晶片

我能在外不斷地跑幾十年，我太太是背後最大的支持。家裡放滿了我的獎盃的櫥櫃裡，也擺了一個我太太的跑步紀念品，一只萬金石路跑賽的計時晶片手環。手環上印著九公里三個字，以及她小小的名字：余玉雪。

我太太比我小一歲，還沒嫁給我之前，就在圓山臺北市立兒童樂園的販賣部工作，與我任職的市立動物園，同屬市府的社教單位。動物園搬到木柵之前也在圓山，就和兒童樂園同在一個山坡地，透過她在兒童樂園的同事尹明珠介紹，我們兩人認識，交往兩年，在一九八九年結婚。

我這輩子最重要的兩個女人，就是我媽媽和我太太，都很會做事，不停地做。

我太太很傳統，標準賢妻良母型，家教很好，我岳母從小就教導女兒說，嫁出去的女兒就是潑出去的水，要嫁雞隨雞，丈夫就是你一輩子的希望。這種觀念好像植入我太太的身體了，她從嫁過來那天起就當我的後盾，撐起所有家務，無怨無悔。

她很節儉，很肯做。我家住四樓，我們家的桌椅、櫥櫃、床架、床墊，全都是我們自己從樓梯搬上四樓。我太太總是選擇搬重的那一邊，我沒要她搬，她自然而然地就去搬重的那邊，從一樓搬沙發上四樓需要分三趟，她會主動搬兩趟，只留一趟給我搬。

我太太身材很壯，我會開玩笑說她體力好得像條牛，我說我是跑馬拉松的人，身材不能變重，比較沒有力量，所以請太太多擔一點粗重。她會反駁說，是你自己要跑到這樣子，活該。真的，我力氣輸她，有時候，夫妻鬥嘴，我太太會跟我開玩笑：「你不要再講了，等一下打架你又打輸我，你那麼瘦。」

在生活上，都是她照顧我。衣服髒了，我自己都還沒發現，她就幫我拿去洗了。她會去翻我的皮夾，看到錢包裡面沒錢了，就塞錢進去，她知道我隔天要用到什麼錢，要買什麼，她會把錢準備到位。她就是這種人。她對我很好，真的對我很好。

我沒有數字觀念，不喜歡管錢，不會理財。薪水簿子都是她在管，我在家裡唯一可以幫忙做的事是煮菜，我很喜歡煮東西，從結婚開始，我家的飯菜都是我煮的。她負責買菜，我來煮。我太太很喜歡吃我煮的菜，不過，我煮完以後她就很頭大，因為我不洗碗盤，也從來不掃地。

以前在部隊當士官長時，常窩在廚房煮菜，什麼菜我都煮得出來。我喜歡做白斬雞，我太太很喜歡吃我做的白斬雞。而她很會做醉雞，用紹興酒去醃，用人蔘泡紹興酒，那雞肉咬起來有人蔘味，我非常喜歡這個滋味。

有一種人，節省得很徹底，臺語叫作「一塊錢打二十四個結」，我太太就是節省到這種程度。她的頭髮都是自己洗，嫁給我之後，沒有在外面洗過頭，也從來不在外面吃東西，婚後幾乎沒有自己去買過一件衣服，她身上穿的，大都是我參加跑步活動領回來的運動服，她一直都穿著運動服。

我一天到晚去跑步，投入跑馬拉松以及帶視障者跑馬拉松，比和太太相處的時間多出很多，但她包容，她說，這是我的興趣。

她時常跟同事講，我的老公就是喜歡跑步，沒有其他的不良嗜好，不會去喝酒鬧事，就是喜歡跑步，就讓他去吧，「他不是跟我結婚以後才跑，在結婚前他就喜歡跑了。」

跑步，腦下體會產生腦內啡，腦內啡會上癮。我跑步跑到上癮，不跑全身不對勁，晚上睡不著。

如果一天沒跑步，那一天我會吃不下飯，有時還會發脾氣，我太太一看到我回到家以後都不講話，也不做什麼事，沒勁沒精神，就會對我說，你趕快去跑步。每次跑回來我就會笑瞇瞇的。

結婚後，我用在跑步的時間，仍然遠比用在家庭的時間更多。清晨三、四點鐘我就起床出去跑，這時候我太太還在睡覺。我怕吵到她，後來我們就分房睡了，有了小孩以後，她要照顧孩子，就一直跟小孩睡；我一個人，為了跑步自己睡一間。

除了上班，大部分的時間都用在跑步活動，沒有多少時間可以陪太太和孩子，小孩子的成長過程，我很少參與，可以說完全是我太太一手把兩個孩子帶大。禮拜假日時，別人家是帶著小孩子出去玩，我週末假日就去參加跑步。我能挪出來的時間，幾乎都用來完成自己的興趣，現在想起來，我很自私。

我太太對孩子很好，也教得很好，母子的感情很好。我的小兒子很聽媽媽的話，例如媽媽希望兒子不要吃牛肉，直到他長大到高中的目前為止，都沒吃過牛肉。

所以我就順著我太太的話，跟我小兒子講：「你聽媽媽的話不吃牛肉，爸爸也希望你答應我一件事。」他說：「好，我也答應爸爸一件事，什麼事？」我希望他不抽菸，他答應我。我的小兒子就是這樣，聽媽媽的話不吃牛肉，聽我的話不抽菸。

我太太這種女人真的沒地方找了，她能處處讓著我。如果有一個男人喜歡釣魚，他的太太能讓他每天二十四小時都去釣魚，完全不理家裡嗎？但是我太太做得到。她讓我去跑步，家事全是她在做，我只負責跑步。

我沒聽過我太太回娘家去跟她媽媽埋怨過。我太太只會跟我說：「我媽媽說跑步跑太多不好，你自己看著辦。」

她不只讓我去跑，還時常陪我去，就在終點等我。我最高興的是，參加比賽得獎，我會在頒獎時，要我太太上臺去代我領獎盃，我站在臺下，看著她領獎，我很榮耀，比我自己上臺還感到榮耀。

我辦各種路跑活動時，例如文山、萬華、士林等地區公所委託辦理的路跑，我太太都會當工作人員，跟著我打雜、補充飲料、整理環境、聯絡人力。

我也鼓勵我太太跑步，但她很少跑，有了孩子後更忙，幾乎沒有時間運動，而且她捨不得花報名費。二〇〇七年，我幫她報名了萬金石馬拉松的九公里比賽，她勉強答應，事前還做了一些練習。

到了比賽前幾天，她有點不舒服，剛好孩子們也有些事需要處理，她並沒有來跑這場九公里。我把她的這次活動的計時晶片手環留下來。手環上印著九公里，以及她小小的名字：余玉雪。

沒想到，這個黑白色小手環，變成了我太太陪跑人生的最後一項紀念品。

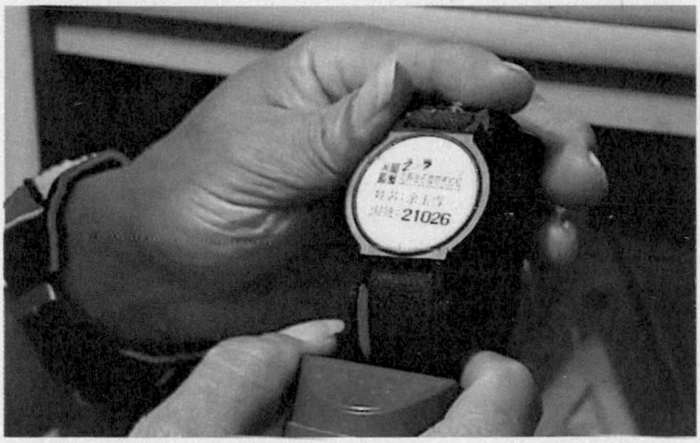

上圖｜我只負責跑。一直有人在終點等我。
下圖｜黑白色小手環，變成了我太太陪跑人生的最後一項紀念品。

北港媽祖的孩子

我們夫妻相處最甜蜜的時刻是她陪我去跑步。一九八九年結婚後，一直到一九九五年大兒子才出生，其間有七年過著兩個人世界。我喜歡她融入我的生活，我喜歡我在跑場獲得獎盃時她可以在場親眼看見。

生孩子前，她陪我去參加一九九四年的南投草屯馬拉松，和之前一樣，我請她上臺幫我領獎盃。領了完獎後，我提議繞過去雲林北港朝天宮拜拜。

我們婚後並未刻意避孕，夫妻兩個人的身體也都算健康強壯，但一年、兩年、三年過去，都沒有懷孕，再等，四年、五年、六年又過去，還是沒有。我三十三歲才結婚，等了六、七年，已接近四十歲了，我太太只比我小一歲，要生養小孩就不能再拖了。

在朝天宮拜完媽祖，我們拜求註生娘娘，我向神明許下一個願，若是明年我們有孩子，以後每一年我們都會帶著孩子來還願答謝。

從北港回來後不久，太太果然懷孕了。我們非常高興，結婚後，我們等著迎接孩子，已經等了六年。長子文暉，從他出生到長大，如今已近二十歲，每一年都跟我去北港還願。

有了孩子之後，我太太有時也會帶著孩子來陪我跑步，印象最深刻的一次是參加臺北新光大樓登高賽，我報名親子組，帶著當時三歲的兒子文暉，太太用平

向註生娘娘求來的孩子。每一年帶兒子回北港朝天宮燒香還願。

時背孩子的揹巾，把孩子綁在我背上，我就背著兒子，往上快奔，從第一層登上第四十六層的終點。我弟弟也背著他四歲的兒子參賽，我們兄弟各自背著自己的兒子，互相比拚，我們都想贏對方，讓兒子榮耀，競爭非常激烈。

由於競比速度，不停躍上階梯向上急奔，被背在我身上的兒子並不舒服，在我身上一直哭，從一樓哭到頂樓。跑完了之後，他媽媽買了很多好吃的東西哄他，也慶祝我們最難忘的一次親子登高賽。

我弟弟這一對父子贏了我們。雖然我事先很有信心也志在必得，但還是輸了。我弟弟比我年輕五歲。我近四十歲才當了爸爸，雖然我還是奮勇地在馬拉松跑道上跑著，但也逐漸感受到，自己已上了年紀。

湖南老家的大囍鐘

我出生時，父親年紀也很大了。一九八九年結婚時，我想帶我父親去祭拜他在大陸湖南老家的祖墳，把這趟旅程當成我和新婚妻子的蜜月旅行。

我是我父親在臺灣第一個跟著他姓吳的兒子。我的大哥從母姓何，因為我父親是入贅的，我覺得應該讓父親帶著他的兒子和媳婦回大陸去祭祖，告慰老家的祖宗。

我父親吳斌，民國四年生，我結婚時他已逾七十四歲，老家在湖南醽縣，距省會長沙很遠，已快接近湖北的交界。這一趟路，父親全程都穿著他最好的黑色西裝黑色長褲和白襯衫。老人家覺得這樣子很稱頭。我跟我太太穿著休閒裝一路跟他輾轉回老家。

那時是初秋，我父親怕冷，不敢等到冬天才去。從臺灣經香港轉機到廣州，再轉火車、汽車，轉了多次，才抵達父親的故鄉。

我們帶了電視機、電冰箱、洗衣機、縫紉機四大件禮物，來接我們的是自稱是父親在大陸的大兒子。我會說是「自稱」，因為從時間來推算，他不可能是我父親生的，這大兒子是一九四七年才出生的，而我父親在一九四五年就已到了臺灣，是第一批來臺接收日本投降的國軍。雖然這樣，我父親仍把他當自己的兒子，我們帶去的四大件，就是送給大兒子。

我們也去我的大媽家，大媽是父親當年在老家結婚的妻子。父親到臺灣後，大媽改嫁，這次見到她時，她已經很老了，見到我們，她也面無表情。

父親的姐姐的女兒，也就是我在大陸的表姐說，父親還在大陸故鄉時與他的這個姐姐感情最親，這一趟旅行，我們就住在這位表姐家，某一天一起去逛市集，看到店裡賣鐘擺式的傳統造型時鐘，父親很興奮地說，他從小就是聽這種鐘聲長大的，於是我們決定買一個，帶回臺灣。

我和太太同時看中了店裡其中一個鐘，當時花了三百元人民幣，在鐘面上貼了一個紅色雙喜字。

表姐很熱切地想幫我們付錢，說要當成祝賀我們新婚的禮物，我們推辭了很久，最後只好說，按習俗沒有人送鐘。表姐說，貼上紅喜字就沒有關係，但我還是把錢還給她。

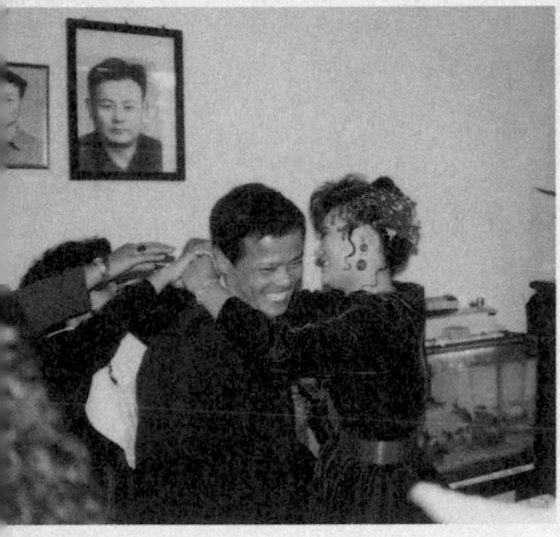

上圖｜帶新婚妻子陪爸爸回湖南家鄉。
左下｜新婚。
右下｜我的父親，逗弄著我抱在手中的他的孫子。我是跟他姓的第一個兒子。

上圖｜湖南來的囍字掛鐘。
下圖｜全家出遊。

這個鐘帶回臺灣後，被我們擺在床底下十二年，因為當時家裡已經有掛鐘，多餘了，直到我們從士林搬到木柵新家，才拿出來用。貼有紅色雙喜字的這個掛鐘，用了八年一直都很正常，很準時，但在二〇〇八年尾接近農曆過年時，突然壞了。

其實是被我弄壞的，那時快過年了，我突然想到，這鐘那麼久都沒保養，該做點保養。我就把時鐘拿下來上油，把油噴進機械內部，結果聽到一聲很細微的、有東西掉落的聲響，然後就故障了。

這個鐘買回來二十年，我從沒上過油，那一次不知為何心血來潮，就把它搞壞了。我拿故障的鐘去木柵市場，找專門修理老鐘的店，花了一千多元才修好。那時，我太太還沒被診斷出罹癌，應該是說，那時我們還不知她已經罹癌了，她自己也不知道。

時鐘突然停擺，是否是一種徵兆？我突然想要保養當時一起買的結婚喜鐘，與我太太的病有某種關連。

卵巢癌第四期

時鐘突然停擺，我覺得似乎是一種徵兆，與我太太的健康有某種關連。我送這個故障的雙喜時鐘，去找木柵市場裡的老師傅修。老師傅說，這種鐘在臺灣找不到了，裡面的一個小彈簧，掉下來斷損了，找不到零件可以換，他想出辦法，用自製彈簧修好，一共花了一千多元，修復後一直到如今都沒再發生過問題。

那時我會去動那個鐘，也是因為那時我太太身體很不舒服，我心想，或許是家裡有某些東西需要動一動，清理一下。

太太被診斷出癌症之後，我們的生活大亂，丟棄一切可能致癌的東西，我太太喜歡的東西，她母親做給她的各種醃漬品，豆腐乳、蔭瓜、醬瓜等等，她自己不捨得丟，我趁她不在家時全部丟掉。那時候自己也很怕，懷疑東懷疑西，還花了三千元，找人來偵測家裡的輻射。

那時心裡是慌張的，惶恐無助，若有人說什麼藥有用，我很可能就會去找來吃，如果這時出現的是騙子，很容易就被騙了。

我不敢給別人知道我們夫妻都生病了，只有很少數鄰居知情，告訴我們可以試試吃某些青草藥方，我自己不信，但我太太相信，我就很認真的去找青草茶，買回來煮給她喝。

她非常節省，平時連生小病時，她都為了捨不得花錢，不去看醫生拿藥。在癌症之前，她一輩子不看醫生的，有時候感冒，她都說喝喝草藥、刮刮痧就好了，她很喜歡刮痧，很相信中醫。

回想起太太發現癌症，以及確診是癌症的那一段過程，每想一次，就揪心一次。

二〇〇九年初，剛過農曆年不久，有一天，我太太說她想騎腳踏車去上班，因為想減胖。她指著穿不下的褲子說，已經胖到不能再這樣下去了。

我每天只喜歡跑步，而且也沒跟她睡同一個房間，平常不太注意她身形的變化。在這一天前幾個月，我也忙著帶領一群視障跑友環臺跑步，很長時間都忽略了她。那一天她跟我說，她胖了，想騎腳踏車上班，我看了她一下說：「你真的胖了不少。」她希望我把一臺許久沒使用的腳踏車打氣，好讓她騎去上班，我說好啊，然後為腳踏車打了氣。

她騎了一個星期，我也不在意。一星期後，她說：「我怎麼越來越胖……褲子不能穿了……，肚子又有點不舒服……」我要她趕快去檢查，木柵有一個診所，「你去診所看一看。」

第二天她去診所，診所的醫生對她說：「不太對勁，妳趕快去大醫院。」醫生說那個不是胖，是腹水。醫生觸診後，說腹部有波浪，很嚴重。

我太太聽了之後，也沒跟我講，馬上就直接到新店的慈濟醫院。慈濟的醫生一看，需要立即住院，她才打電話給我，叫我拿一些東西去給她，她就住進醫院去了。

醫生做了斷層掃描和超音波，判斷是卵巢癌。醫生把我叫去，語氣平和但肯定的說，以他的經驗，不要再考慮了，那是卵巢癌，已經第四期了，已經轉移到腹部，建議馬上開刀。我聽了，感到被雷擊，頓住了，一下子才反應過來，我沒有別的選擇。

在手術房開刀到一半時，醫生出來把我叫進到現場，讓我看看情況。我生平第一次看到癌細胞長什麼樣子，第一次看到一個人肚子剖開是什麼樣子，而躺在我前面被剖開肚子，長滿癌細胞的人，是我的太太。我被驚嚇了，她肚子一剖開一拉開，癌細胞布滿了整個腹部，堆積的腹水有一個臉盆那麼多，起碼有五、六千C.C.。

開完刀，醫生告訴我：「我拿得很乾淨，但是那個癌細胞會生小孩」，他的意思是說，癌細胞還會再長回來。

醫生還對我說，太太的命只剩下一年。他說：「我可以跟你保證，剩下一年。」醫生說得那麼直斷地講，他說：「你要不要讓她知道沒有關係，但是我跟你講，她剩下一年，她是癌症第四期。」

我不敢跟我太太講，她一直認為，她接受手術開刀，已經治好了，然後，她也不把癌症當作一回事，住院十天後就出院回家了。回到家裡，又跟一條龍一樣，天天忙著帶小孩。

只有我知道她剩下一年，那段時間，剛開完刀，她也不認為她自己有病，每天買菜煮菜，又回到正常的生活。

三個月以後，做完六次化療，不到一個月，她跟我說：「我肚子怎麼又越來越大？」複診一看，醫生說：「腹水又開始長回來了。」

醫院趕緊安排我太太接受其他化療，但醫生也說，化療對癌細胞的控制機率只有十分之一，我太太覺得：「只有十分之一機會，為什麼還一直叫我做化療？」她想換一家醫院試試。我妹妹是馬偕醫院的行政職工作人員，幫她推介了醫生，她就轉到馬偕。馬偕醫院醫生一看，腹水一直長出來，一樣是要住院。

之後來來回回住院好幾次，最後一次住院長達七十一天，就沒再出院了。

癌症病急亂象

我太太生病期間，身心靈都有極大的痛苦。罹病後期，病情影響，有時神智會恍惚不清，嚴重時會出現歇斯底里異常行為，經常尋求宗教治病，每天跟我說，要去廟拜拜。

她去廟裡拜拜回來，會對我說，廟裡的師父說她上輩子做了什麼不好的事，所以這輩子要念多少的經，有些經要念幾千次，念完病就會自然好。太太聽完之後，常常念經到三更半夜，有時我睡醒了她還在念。我向她說，你已經生病了，不要這樣子。

念完經，病沒好，她又相信道士，叫她晚上睡覺前要噴水，嘴巴含著水，到處噴，也噴孩子。孩子面對媽媽這樣的舉動，又生氣又害怕，不能接受。我在睡覺時，她也會含著水來噴我，我被驚醒，問她怎麼會這樣，「我在做法，」她說這樣可以把污氣噴掉，把髒東西趕走。

有時候，她半夜會站在床旁，張著眼睛一直看我，半夜醒來時會被她驚嚇。有人說可能有其他東西附在她身上，但我是不信這些的，我相信是因罹癌的恐懼和害怕，把持不住的人，可能就會變成這樣子，出現這些異常狀況。

我太太一輩子幾乎不看醫生，身體很好很壯，突然發現罹患癌症四期，孩子還那麼小，她無法接受，岳母也受不了女兒罹癌，壓力太大，亂了分寸。

太太在醫院治療期間，住在馬偕腫瘤科四人房，有人在醫院告訴她，只要拿出五萬元，就可以幫她去廟裡找人做法，化解災厄，她因此陸續被騙了很多錢，這些人包括她以前的同學。有人看不下去了，同病房的病友告訴我：「吳先生你要阻止你太太，不要再繼續被騙了。」

我知道她被騙，也知道她的提款卡裡還有三十多萬元，可能會繼續被騙，但我又想，她相信有人替她做法，她的心裡會好過一點，這是她唯一的寄託，因為那時西醫已經宣布救不了她了，我就想算了，不要去戳破她。

像我太太這樣的情況，需要有人用正確的方法來疏解她的壓力和惶恐，例如癌友們一起出來運動說說笑笑，看到與自己同樣的人仍是那麼快樂那麼健康，就比較不會越陷越深，否則若是去相信那些什麼上輩子如何、什麼鬼魔附身，會越來越走不出來。

大腸癌第三期

太太住院期間，我去陪她，每天看到腫瘤病房裡的癌症病人進進出出，不時聽到有人在那裡大呼小叫，然後就有一陣忙亂，一群護士醫生趕忙進來，過了一會，就有人被抬走，可能抬去急救，也可能永遠不會再回來了。

看了這些來來去去覺得生命無常，自己心裡也怕，腫瘤的病是那麼厲害。有一陣子，我覺得肚子漲漲的，不太舒服，就直接去我太太以前檢查的那個診所，要求醫師為我照大腸鏡，大腸鏡一檢查，醫生說：「你裡面有東西。」

我真的不敢相信，沒辦法接受。診所醫生說，要夾取一些樣本送到檢驗中心做切片，要我一個星期以後來看檢驗報告。

那一個禮拜，我生活在忐忑不安和不知所措的沈重氣壓中，心裡很緊張，肚子有長東西，會是良性的嗎？答案不是○是×嘛。萬一是×呢？

醫生叫我早上九點鐘去看化驗報告，我八點鐘就到了。然後我就在診所外面，心裡非常不安，不斷地在那邊走來走去，走了一個多小時，才走得進去。輪到我的掛號，走進醫師診間看報告。醫生拿起一張紙，在桌上寫一個「癌」字。醫生沒有出聲講出我的檢查結果，就這樣指著這個字給我看，一看到癌字，我昏了，我真的昏了。

我太太還在醫院裡，家裡已經有一個罹癌住在醫院，醫生跟我講這個答案，我有辦法接受嗎？醫生後來跟我講了很多話，我都聽不進去了。那時候，所有的聲音我都聽不到了。

稍微回神後，我聽到醫生建議我到林口長庚接受治療，他要幫我介紹醫生。他又說，雖然我家附近也有地區型醫院萬芳醫院，但這個大病要去大的醫院。我聽到「是大病，是重病」，稍微回復的思緒又被打亂，我幾乎是哭出來的向醫生大聲說：我好好的，哪裡會是重病？

走出那個小診所。他開了單子叮嚀了很多，叫我拿介紹函去找在林口長庚的他的老師。我拿著信函，走到我騎來診所的那輛摩托車旁邊，我連把摩托車從停車檔推下來的力氣都沒有，我真的昏了，沒辦法接受，我坐在摩托車上發愣了兩個多小時。

兩個多小時以後，自己慢慢回神，才拿起手機撥給我妹妹。我妹問我要不要再做一次檢查？「搞不好是檢查錯了。」我無助地問我妹：「我現在應該要怎麼辦？」她馬上打電話找她醫院的醫生。馬偕腫瘤科的許希賢醫師隔天有門診，叫我過去。

我拿了那個檢驗中心的報告去馬偕，許醫師說，現在的檢驗報告都很準確，並直接了當地說，這可信度是百分之九十八以上了，他安排隔天再做一次斷層，看我的癌細胞長在什麼地方，有沒有轉移到肝，或是別的地方。

我一聽「轉到別的地方去」，嚇得無法反應，腦子不敢再往下想。第二天做斷層檢查，等待斷層結果報告的那幾天，根本沒辦法睡覺，每天晚上，眼睛都張大大地看著天花板，直到天亮。

斷層檢查報告一出來，醫師告訴我：「還好，沒轉。」一聽到這個答案，稍微安了一點點心。去找馬偕許醫師之後的第三天，我就住院開刀。

住院開刀，不只要安排醫院病床，家裡的事也要安排。從檢查出癌症到住院開刀，只有兩三天，該怎麼辦，要在這麼短的時間內安排兩個小兒子，以及一個重病住院中的太太。

我找我哥哥幫忙，我哥說：「你去開你的刀吧，兩個小孩子我來給你想辦法，你太太就花錢請看護，找專門到醫院裡照顧病患的看護幫忙看著。」我同意這個安排，其實，也沒有別的選擇。

安排了家人，我就騎著摩托車去開刀，一個人從木柵騎到民生西路的臺北馬偕醫院，一個人辦理入院，一個人等待開刀。

推進去手術室，要把我腸子裡的癌清得乾乾淨淨。再出手術室，已經是五、六個小時以後了。

手術後第二天早上，許醫師叫我下床走路，他說，腸子開刀後要走路。但有些事他不敢直接跟我講，而是找我妹妹，他說，有兩顆腫瘤已經轉移到旁邊淋巴結上面了，算是罹癌三期。

我住院十天後回家，出院前許醫師來看我，他交待說，腫瘤第三期開刀後必須接受化療，要我兩個禮拜以後就開始來醫院做化療，每次來做三天，每隔兩週來做三天，一共要做十二次。

我再度傻眼。要做十二次的住院化療，前後長達半年以上，要如何照顧小孩？如何照顧我太太？

出院回到家那一天，我把小孩子安頓好，就出門去醫院看我太太。那段時間我白天去醫院看顧我太太，晚上回來照顧小孩子，我自己才剛開完刀，身體真的很虛，好幾天沒吃好沒睡好，坐在往馬偕醫院的捷運上，一路上恍恍惚惚。

孩子們不知道爸爸也罹癌了，我不忍心告訴他們。我那個剛上國中二年級的大兒子，看我去住院好幾天沒回來，問我去那裡了？我說我是盲腸炎開刀。

他媽媽已經罹癌躺在病床了，如果我再告訴他我也罹癌，他那時才十二、三歲懵懵懂懂，要如何理解，如何面對「為什麼人會那麼多癌？」

我想我對孩子善意的欺騙是對的。後來，我每次去做化療住院時，都跟兒子說我是去打營養針：「爸爸開刀很虛，去打營養針。」

就這樣子，孩子不覺得我是罹癌。他媽媽生病時，肚子有明顯變化，有明顯的病痛，他們看得到，但是我沒有他們看得到的變化，因此兩個孩子沒有察覺，每天還是會叫我帶他去上學，放學後接他回家。

直到媽媽過世以後，不知道從哪裡聽來的，還是自己慢慢曉得：他們的爸爸得了大腸癌。

一碗蚵仔麵線

夫妻兩個人同時罹癌，同時要做化療，我和我太太只好商量，安排時間，輪流住院接受化療，沒輪到的人，就在家帶孩子。

太太做完化療，之後又復發，換了好幾種化療藥物，不停的化療，最後一次再度住院，一住就七十一天，這次住院時，我去陪她，兩人在病房內，互相瞪著看，已不知要說什麼，心裡只是重複著「為什麼你會罹癌？為什麼我也會罹癌？」

我沒辦法常去陪她，只能請一位看護，每天花費兩千元，二十四小時看護。有時候只能到醫院看她一下就必須馬上走，因為我自己也在化療，免疫力很差，不能留在病房，否則容易感染。已經有一個人躺下來了，不能兩個人同時躺下，家裡還有兩個幼子，必須有人照顧。我早上送孩子上學，從木柵搭捷運去淡水馬偕看她，中午又得趕回家弄小孩的事。

有一天我握著她的手說：「妳這輩子運氣不好，我對不起妳，妳生病時，理應由我來照顧妳，但妳病得不是時機，我自己也病了，妳在最痛苦的時候，我一個晚上也沒辦法留下來陪妳。」

她說，她知道。然後她問我能不能去買一碗蚵仔麵線給她吃。我聽了有點訝異。除了青草藥，她從來不會要我去買什麼給她吃。

她氣息平緩地說，很久沒有吃蚵仔麵線了。我覺得很納悶，因為平時也會看到她買蚵仔麵線，怎麼會很久沒吃。我太太說她平常都是買給孩子吃的，很貴，她自己不捨得吃。我聽了鼻酸，一碗麵線才三、四十元，太太竟節儉到捨不得吃一碗。

我去買了麵線。幾天之後，太太就被送進安寧照護病房了。再過幾天，就在我做完十二次的化療之後一個星期，她就撒手了。

在安寧病房時，據醫生說，以我太太的病情推估，在幾個月前就會走了，但她一直在撐，撐到我做完所有的化療，可以回家照顧小孩了，她才放心嚥下最後一口氣。

我太太讓我相信，一個人的意志力，可以左右人的生命。

她生病時，我一直希望兩個孩子晚上能去陪伴他們的媽媽，因我也開刀治癌，很容易受感染，不能留在醫院，但兩個小孩才十二、三歲，還不太懂事，也不知道媽媽的病情嚴重到什麼程度，以為只要住院幾天就回家了，因此在醫院裡也打打鬧鬧，影響到太太的情緒，她要我把他們帶回去，以免吵到別的病人。

去醫院的路上，我向孩子說，媽媽會走，孩子聽了以後對於「走」的想法是什麼我並不知道。我自己十四歲時，我媽媽走了，當時我也不覺得很傷心，過了一兩個星期以後，一直沒見到媽媽，發現媽媽真的不見了，才開始覺得很想念媽媽。我想我的小孩可能也是這種心理。

小兒子文凱比較沈著，他媽媽走掉的時候，他沒掉眼淚，只是一直看著我，一直看著我，我知道他心裡有很多很多疑問，文凱和媽媽最要好，晚上是跟媽媽睡，從小就抱著媽媽。

我看到一個畫面，遠遠看到一個畫面，我太太手裡牽一個，背上背一個，到動物園我上班的地方來找我，這個很久以前的畫面，我永遠都忘不了。我太太那個模樣，真的是賢妻良母。

有些事情是母親才會做得出來，大兒子文暉一兩歲的時候，鼻子裡有鼻涕塞住，我太太會用嘴巴去吸，把裡面的鼻涕和其他東西吸出來。這就是母子。

完全由媽媽帶大的兩個孩子。

不平靜的兩夜

她一直撐，撐到我做完所有的化療，可以回家照顧小孩，她才放心嚥下最後一口氣。

人的生命和感情都很奇妙，一口氣還在時，可能是親親抱抱捨不得一刻分開，一口氣斷了之後，連最親的親人都會讓你害怕。

我太太嚥下最後一口氣那個晚上的情景，兩個兒子一輩子都無法忘記。

媽媽過世那一天，在淡水馬偕安寧病房，我們三個，我和兩個兒子，一個十二歲，一個十三歲，站在她床邊。她晚上十二點鐘過世，那口氣吐完的時候，醫院人員將她的遺體從三樓安寧病房，抬到二樓的太平間。

我帶著兩個小孩子跟著遺體下來，半夜十二點多，從三樓到二樓幾乎全暗，只有遠遠的大廳的燈亮著，醫院人員打開其中一間小停屍間，把燈打開，把他們媽媽的遺體一放就走了。整個二樓，臨時停屍間比四個教室還大，燈是關著的，十多間停屍間，不知道裡面有什麼，除了我們三個，沒有其他半個人。我們三個人陪一具屍體，要陪媽媽的遺體守靈到天亮。孩子們那麼小，嚇得縮在我旁邊。

他們的媽媽躺在那裡，他們卻非常害怕，後來我看實在待不下去了，就帶著他們移動到二十多公尺外的大廳，遠遠的陪著媽媽，三個人就在大廳抱在一起，直到天亮。

第二天早上六點鐘，天亮以後，葬儀社的人才來處理太太的遺體，移送到殯儀館。

有些事情，碰到了才知道該怎麼去面對。過了幾年，兒子比較大了，聊天的時候我說：「人真的很奇怪，媽媽是親人，媽媽那口氣還在的時候，你跟媽媽抱來抱去，媽媽那口氣一斷，你不敢去碰她、會怕她，沒辦法解釋。」兒子說對啊，那一天晚上嚇得要命，整個太平間裡都是停屍間，那麼多停屍間，都沒有半個人，只有我們三個，非常令人害怕。

這種面對親人卻嚇得要命的感覺，從小也一直種植在我自己體內，永遠無法抹去。那是我國中二年級的那一天下午，我從學校被人叫回家，我媽媽出事了。

我媽媽喝下劇毒的除草劑農藥。我從學校回到山上的家，家裡已有一些我不認識的大人在處理後事，父親可能去見法醫，我沒看見他，只看到媽媽躺在床上，蓋著白布。大人說，法醫還沒驗，不能移動。

法醫第二天才能來，那個晚上，我和哥哥、我弟、我妹，四個孩子，就圍在媽媽蓋著白布的遺體邊守靈，山上鄉下四周只有黑暗，外面下著雨，卻能清清楚楚聽到屋子外傳來尖銳的貓叫聲，一聲一聲，越來越近，越來越淒厲恐怖。鄉野傳說，千萬不能讓貓跨過遺體，否則鬼魂難以平靜。我們看著媽媽的遺體，傷心哭著沒有媽媽，但這時卻又很害怕媽媽，怕有什麼會突然不平靜。時間越晚，發春的淒厲貓叫聲，一陣一陣不斷傳來，我們身上一直起雞皮疙瘩，非常驚恐害怕，不知道能不能捱過這個恐怖的夜晚。

這時我的外公又發酒瘋，對著我媽媽的遺體大罵：「妳死了就趕快走，不要附在那些貓身上，在那邊鬼叫。」我們聽了更加害怕，更不敢聽，卻又一直聽到似貓似鬼的叫聲。

我和我小孩的命運竟然如此巧合相似。我在國二時失去媽媽，家中大人只剩下一個五十幾歲的退伍老兵，我兒子也是國二就沒有媽媽，家中的爸爸也是一個五十幾歲的退伍軍人。

想到我的孩子，也想到我自己的過往，我更替我的孩子感到傷心。晚上走到兩個孩子的床邊看著他們，我的眼淚就會不自主的一直滾落下來，相隔三十八年，兩個不平靜的夜晚，失去至親的痛與懼怕，交織湧現，無法散去。

幸好我和父親有些不同。他在臺灣語言不通，工作收入微薄不定，要撫養四個小孩。我只要養兩個，而且我有一份收入穩定的警衛工作，我太太還為兒子留下了兩百萬元的保險金。

我一定會好好的養大兩個孩子的。我曾在太太住院末期，向她許諾。我應該做得到，一定盡全力做到。

雖然，我比父親的身上，多了一個癌。

第六章

有時陰影／有時天光

那段時間，我的大兒子，一天到晚跟我吵架，吵到連警察都上門了，家裡的每一個門都被兒子踢破。

我不知道如何和兒子吵架，我願意付出更多的代價，重新學習當一個父親。

不能說的秘密

罹癌，對我造成最大的痛苦，不是開刀，不是化療，不是失去健康，不是無法跑步，而是「罹癌」是我不能說的秘密。

我跟我太太一樣，在生這大病之前，身體不舒服也都不去看醫生的。我一直認為，運動員是無敵的，運動員是不會生病的，我是一個跑步者，跑者無敵，跑者是百毒不侵，不會生病的。

但當醫生宣布我罹癌那一刻，我那運動員的自信傲氣，都被癌這個字一下子打到谷底了。怎麼可能一個運動員會罹癌？臺語有一句話，形容一個人投入一件事到沈迷上癮難以自拔無可救藥，會說這個人「著癌」，以前跑步時，人家笑我們是「跑到著癌」的程度，聽來是一種恭維，表示我在跑場被人看見，但如今，真的跑到罹癌，你吳興傳不是一向對自己的健康強壯很驕傲很囂張嗎，結果是真的「跑步跑到著癌」，我覺得，這會被人當成茶餘飯後的笑談。

我那時候不敢讓一起跑步的朋友知道我罹癌了，我不敢跟他們講。我自己都沒辦法接受這件事了，我在意別人會怎麼看我。甚至是鄰居以及我引導過的跑友，我也沒讓他們知道。所以，在我開刀化療住院時，幾乎沒有人去看我。

我一直困擾著，為什麼我會罹癌，而且一檢查出就是第三期？我過去跑步那麼健康，為什麼還會罹癌？如果連我都會罹癌，那麼，跑馬拉松所帶來的健康強壯也對抗不了癌症入侵，當大家知道一個這麼健康的馬拉松運動員也會罹癌，會不會開始懷疑，運動真能帶來健康嗎？

我很無助，卻不敢讓人知道我的狀況，我曾遇過很難堪的情況。夫妻兩人輪流做化療期間，有一天我去宜蘭找一位相識二十多年的親近老友，他們夫妻在剛落成的新居熱情接待我，問我怎麼沒帶太太一起來，才剛說出我和太太兩人的病情，他們的臉馬上沈了，久久不說話，態度轉為冷淡，我只好趕快告辭。這對老友夫妻從那一天起就不再與我連繫，到如今已過五年，二十多年的交情就此中斷。

我不怪他們，因為他們新居剛落成，或許怕被我這個「倒楣鬼」連累，一旦知情就會躲避我。

我因此更不敢讓人知道我罹癌。

我詢問過很多醫生，究竟為什麼我會罹癌。有的醫生說，這個很難講，一個人的基因、飲食、生活習慣等等，都可能是罹癌原因，通常都不是單一因素，可能是飲食問題，可能是生活習慣，也可能是遺傳，「說不定你的基因影響，你的大腸就會長息肉，加上後天環境、生活和飲食習慣不好，加速癌的成長，你又錯過了零期、一期的醫療時機，沒去看醫生，直到演變為第三期。」

現在想起來，我五十二歲罹癌，如果當初聽衛福部所宣導推廣的，五十歲時去做一次大腸鏡，就不會演變到今天，受盡折磨，那時候可能還只是一個息肉，除掉就簡單了。我的教訓是，衛福部所提倡的提早健檢真的很重要，每個人一定要做健康檢查，早一點去做檢查。

所以我要呼籲，五十歲以上要按時去做檢查，不可鐵齒。不然會跟我一樣，要去做十二次化療，要吃一年半的化療藥。做化療真的是一種折磨，前後一共半年十二次，化療期間，嗅覺、味覺，整個身體都會不對勁。我兒子在洗澡的時候，他聞到香皂是香的，我聞的是刺激噁心，聞了會想吐。做化療期間，如果有人講哪一家牛肉麵好吃，哪一家餐館好吃，我一想到那個味道，就會吐。

罹癌真的是一種折磨，心理上的折磨更難受，人家說，生病後的人生是黑白的，真的，人生真的是黑白。要避免這個折磨，早一點去做檢查，有病早一點發現，早一點治療。

我不敢去面對，在發現罹癌之後，還躲躲藏藏怕人家知道，這也增加了我身心上的壓力和痛苦。我想，有很多癌友，也跟我一樣，知道罹癌時無法接受事實，一心想要逃避，結果越走越往陰暗處去鑽，被憂鬱和恐懼一步步淹沒吞噬。

恐懼是全面的，太太過世後，孩子們在家睡覺都不敢關房門，也不敢關燈，他們一步也不敢走進媽媽的房間。我知道他們非常害怕，怕到晚上不敢睡，我值夜班不在家時，他們整夜都在驚恐中煎熬。

於是我向動物園警衛組提出申請，可否暫時不要輪值夜班，這樣晚上我才能留在家中陪伴孩子，但主管拒絕了：「這樣不公平」。

過了一段時間，我又提出申請，再度被拒絕，理由是因為主管聽別人說：「吳與傳還能跑步，為什麼不能值夜班？」我聽到這個理由，非常難過失望。我太太癌病過世了，我也開刀治癌，化療後為了增加免疫力，才開始慢慢恢復跑步，我跑步是為了活命，為了怕我兩個才十二、三歲的孩子成為孤兒，但是，卻因為跑步而被拒絕調班，無法在孩子最脆弱的時候陪伴他們。

每當我值夜班時，想到家裡兩個驚嚇恐懼的孩子，大半夜開著燈、開著門不敢入睡，我的內心就十分不安、不捨、也不能原諒我自己，一整夜我的心都吊在那裡。我忍不住了，半夜偷偷跑回家，想看一下孩子，一進門就看見兩兄弟抱在一起縮在床角。

但我不能停留，我得趕快回去值勤，回返的路上，眼淚忍不住不停滾落。如果我的太太在天上看見了，她一定比我哭得更傷心。

絕路分岔口

罹癌，讓我經歷人生最大的恐懼。人家說「杯弓蛇影」，我真的恐懼到隨時會因風聲或影子而崩潰。

我會怕，因為聞癌色變。當癌症跑到身上的時候，它不會消失，只是暫時被控制，而且，癌細胞會跑。有時候，腳扭到了覺得痠痛，我會擔心，是不是癌細胞轉移我的骨頭上了，馬上緊張到整個神經接近崩潰。一頭痛，就開始懷疑是不是轉移到腦袋上來了。

有一次，胸部感覺有點悶，我馬上跑去醫院找醫生。醫生說，他知道並不是轉移，「跟你講你也不會相信，你去做一個X光好不好？」X光照出來的結果的確沒事，我才放心，不然我真的不會相信他。

這個心理恐懼，讓我一度想走上絕路。

被宣告癌症，非常恐懼。那時我太太已被判斷只剩幾個月生命，她從六十幾公斤體重，瘦到剩下三十幾公斤，當初那個打架連我都打不贏的壯婦，一下子變成這樣，我幾乎不認得她了，我的兩個孩子很快就會沒有媽媽了，而我自己又被宣告癌症第三期。

我在病床邊，看著我不太認得的太太，不知道接下來自己會不會也變成這樣，孩子們看到了會怎樣？孩子都這麼小怎麼辦？越想越恐懼。我就要跟她一樣躺在那邊，那麼我何不趁現在就跟她一起走，乾脆四個人全部都走了算了，反正小孩子也沒辦法自理生活。

越來越沒有希望，我的這個家，兩個人打拚建立起來的家，房子是兩個人好不容易一起買的，她即將要走，我也即將要走，我跟她都掛了，這兩個孩子只有十二、十三歲，他們會被政府送到孤兒院，這個家就要毀了。沒有了，等於零。我乾脆帶孩子去買藥來吃，全部走了算了。

想走的慾望非常強烈，但是一轉過頭來，看到孩子們，真的捨不得。他們已經夠可憐了，他們還那麼小，我狠不下心奪走他們的生命。

看到孩子，我連死的資格都沒有了。我必須活，活得比現在健康。

上圖｜岳母與我的妻子、孩子。
下圖｜最甜美的負擔。

一個新的爸爸

看到孩子，我連死的資格都沒有了。我必須活得比現在更健康，而且要當一個可以代替媽媽的爸爸。

當我意識到自己應該繼續生存下來、生活下來的時候，首先要面對的，是要如何當爸爸。我並不曾真正照顧過我的孩子。太太過世後，我才第一次真正要開始做一個父親，而兩個兒子，正好進入青少年青春期。

那段時間，大兒子一天到晚跟我吵架。我不知道如何和兒子吵架。

我用我父親帶我的那一套，來帶我的孩子。我父親瞪我一下，我會害怕，父親動手打我，我會乖乖接受他的打罵。我從來沒教育過小孩子，就用父親那一套來對我的孩子，結果，我罵他，他回嘴頂我三字經，我罵他一句，他頂我三句，我打他一個耳光，他回過來踢我一下。我父親當年帶我們的那一套，這個年代已經不管用了。

就這樣子過著打打鬧鬧生活，在家裡，父子每天吵架，吵到連警察都上門了：「晚上了，你們在吵什麼？」我家的每一道門，都被大兒子踢破。

我很生氣，也很挫折。為什麼小孩子那麼難教，父親教我的時候我很聽話，為什麼他們會這樣子對我？我為他們好，我賺錢養他們，我是他們的父親，我已經罹癌，他們沒有好好地照顧我這個重病的父親，還這樣子來反駁我、反對我，不聽我的話，我那時候真的很失望。

有時大吵一架後，我氣憤地點火燒香，站在靈位前對我太太訴苦，我說，你生的小孩子怎麼會這樣子呢？我埋怨我太太，她是怎麼教育小孩子的？

現在想起來，是我不對，我沒辦法接受孩子的叛逆，對小孩子太嚴厲。那時我只是想，太太走了，我必須要把孩子們帶好，但不知道他們心裡在想什麼，我不懂孩子。

他們曾受過巨大驚嚇，媽媽突然重病過世，在他們心中留下很大的創傷，他們很害怕爸爸也會突然消失，對「癌」有巨大的恐懼，恐懼像陰影一樣，每天跟著他們，無聲無息，揮不去也趕不走。

大兒子因而變得個性更加古怪，他從此不照相，在學校遇到同學合照時，他就閃躲，他從不用臉書也不上網路社群聊天，到了高中，老師擔心他太過孤僻，找我去談了幾回。

大兒子會有反應過度的行為，有時候一點小感冒，就要求我立刻帶他去檢查，一路上擔心害怕，一直說「我得癌了！我得癌了！」如果慢一點帶他去，他就會急得跳腳：「媽媽就是被耽誤了，才會救不了！」

他還會搶我的青草茶。太太重病時，聽說有一帖青草配方可延緩病情，我每兩週去萬華買回來煮成青草茶給她喝。她去世後我仍繼續煮來自己喝，希望能增強免疫力，煮好的一大鍋分裝瓶子裡放在冰箱，常常才過兩天就被喝光了，大兒子一想到就喝，覺得身體一有點不太對勁就大量大量灌青草茶。我知道，他心裡很恐懼，他是被嚇壞了的小孩。

後來平靜之後覺得，他們沒有媽媽，應該要多諒解他們一些，多陪伴他們，我試著改變做法，慢慢的不直接打罵。

經過了適應期，這三、四年來，我現在比較了解他們，他們所要的東西我大概都瞭解了。近一、兩年，當我教訓他們時，他們很少再反駁我，都用講的。這幾年來習慣了，我懂了這個年代要如何來教育小孩子。

我也是在他們這個年紀就沒有媽媽，有時候在他們睡著之後，我會站在床前看他們，看著看著會掉眼淚，因為我想到了一個孩子沒有了媽媽是怎樣的心情，我想到我失去媽媽那時的情景，我想到媽媽時，會忍不住哭。

我願意付出更多的代價，去學習當一個好父親。

有時候我會做得太過頭了，對他們太好，近乎百依百順，只要他們開口要什麼東西，我幾乎都會給他們。這是一種想要彌補孩子的心理，我以前所沒有的，我當初自己沒有媽媽也很可憐，那就轉嫁到他們身上，讓他們得到滿足。幸好，孩子的慾望不會很高，不會向我要很多東西。

孩子漸漸長大，兩兄弟大致來講都還好，大兒子比較活潑比較愛交朋友，小兒子比較安靜木訥比較乖。

我跟兒子約法三章，不吸毒、不進警察局、不打架，其他的都可以原諒他們。到現在為止，兒子維持了這個我們的約定。

我父親留給我的管教方式，多少還是有幫助了我。和孩子吵得很厲害時，我氣得接近抓狂，我父親曾對我說過的話，會浮上心頭。

我父親說，以後教育小孩子，千萬不要對孩子說：「你走！你出去！」，你叫他出去，他真的會走。

父親不曾跟我講過「你走！你出去！」。這句話我也不敢對孩子講。對我的孩子來說，至愛的媽媽已走掉了，現在能依靠的就只有一個父親，跟我當年一樣，那時我父親辛苦撫養四個小孩，雖然很苦很缺乏，但對孩子來說，依然是自己唯一可以依靠的親人。

十二、三歲的孩子，懵懵懂懂，你叫他走，他真的會出去。有一些家庭罵小孩子，罵出了「你出去！你給我滾！」他真的就滾了。

我父親還在世時，有時別人在我家聊天，他們常會說我父親是嚴父兼慈母。我父親當年是帶四個小孩，我現在只帶兩個，當初我父親的經濟環境差到要到處去借錢，我的薪水可以支撐我的家，跟父親相比，我輕鬆幸福多了。

現在，我可以算一個好父親吧，盡量都以孩子們為重。我喜歡早上跑步，一定先把孩子叫起來上學，才會去跑步。大兒子有時候打電腦打到三更半夜，還會說：「爸爸，我肚子好餓，幫我煮個蛋。」我會起床來幫孩子煮蛋。他敢要求，我就敢接受，我就是那麼護著他。我心想，如果有媽媽在，孩子會去跟媽媽說他想吃煮蛋，他今天沒有媽媽，我就來父代母職。

我的小兒子比較主動，如果半夜肚子餓，他自己會煮，不會叫我。有一天，小兒子還自己去買咖哩粉，回來煮了一鍋咖哩，放在冰箱裡，跟我說：「爸你餓了的時候，可以吃飯配咖哩。」

不論是白煮蛋還是咖哩飯，對我來說，都是甘甜滋味。

兩個兒子從小看著爸爸贏了很多獎盃。

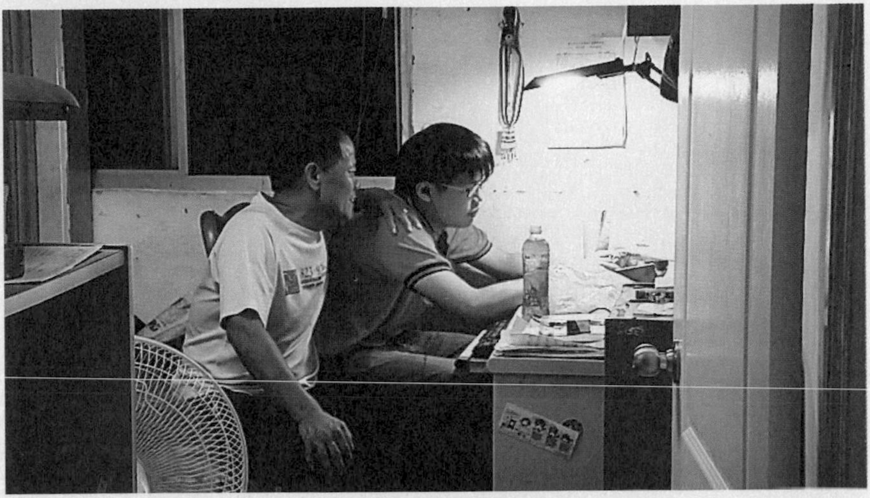

上圖｜兒子長大了。
下圖｜煮青草茶的習慣從太太住院時就延續到今，連兒子也搶著喝。

第七章
騎跡再出發

很奇妙的是，當我開始想到要為其他癌友做些什麼，原本陷在癌病的恐懼不安，似乎轉移了。病後復健的跑步，每一步似乎更有力氣了。

把這些人集中起來，需要一個引火的人，這個火一點，大家才會圍過來。

LOVE

重新要回來的健康

二〇〇九年十月開刀，再經過九個月的時間做十二次化療，一直到隔年七月治療結束，在化療期間，我就開始運動了。

我很積極的想要復原，主要是想到我那兩個還在讀國中的兒子，在失去媽媽之後，如果我站不起來，也被生病擊倒，他們豈不就要送去孤兒院。我不要讓他們變成孤兒，我不能死，我沒有死的資格，我要盡快回復健康，恢復體力，我想要活下去。

我太急了，接連兩次騎車練體力時，昏倒在路邊。

才剛恢復騎車，再陡的坡我都要騎上去，但因為吃化療藥，血液中的氧氣量不足，又是利用中午時間去騎車，狀況不佳，那兩次我都在出發不久，就覺得不舒服，到了陡坡，感到一陣一陣暈眩，然後就失去了意識。

兩次騎車昏倒的地方，是我生病後常去騎車的深坑阿柔村山路，我一個人騎，那條路平時經過的車不多，中午車輛更少，幸好，從我倒下一直到醒來，都沒有車輛經過。

第一次是倒在路邊草叢，第二次倒在柏油路邊緣，手腳擦傷。兩次都是三、五分鐘之後自己醒來，自己回家。我想，也許老天爺還不要我的命，也許老天爺要我再多做一點事。

我騎車昏倒兩次還能保住命，除了僥倖，還有另外一項原因，我騎車一定戴安全帽，安全帽救了我。

原本以為我的體力還在，還沒開刀以前，單桿引體向上可以連續吊十五次，但化療以後，肌力耐力好像都被化掉了，吊不到三次就上不去了，跑步跑不到三公里就會很喘，腳軟手軟，我那時候很懊惱，怎麼會變成這樣？

但我不認輸，從三公里開始，每天多跑一點點距離，靠意志力支撐。二〇一〇年十月，我結束病假，重回動物園上班，早上先跑三公里去上班，下班後再去跑三公里，到了十二月，也就是上班後兩個月，我已可連續跑十公里。但我不敢只做單項運動，所以我每週一、三、五游泳，二、四、六跑步。

化療結束後半年，朋友幫我報名大佳河濱公園的十二小時長跑接力賽，每棒每人跑兩小時，當時我還不太敢報名，但朋友鼓勵我說先報名再說，跑跑看，無法跑完也沒有關係。

這位朋友太了解我的個性，一旦報了名，我就會練習，一旦訂了目標，我就會積極達成。

我設定目標兩個小時要跑二十五公里，這樣每公里平均時速四分五十四秒。我很盡力跑，兩小時時間到，我一共跑了二十三公里多，雖然沒有完全達到預設目標，但也不是相差很大，在我化療半年後，就能把體能恢復到這樣，運動真的對我病後復原有極大的幫助，和開刀以前相較，體能差不多恢復一半了，我已心滿意足。

我更體會到，要有目標，要有達成目標的信心，事情才會往前進展。在這一次比賽之後，我就開始策畫年底要舉辦癌友環臺活動。我要幫助癌友，不要重複我太太罹癌時的恐懼和驚嚇，不要重複我罹癌時的憂鬱和無助，要盡快走出來。

二〇一一年三月，罹癌一年半後，我勇敢挑戰癌後第一次全程馬拉松，臺北北海岸的萬金石馬拉松，以四個小時三十幾分時間，我再度完成了四十二公里一百九十五公尺長的全程。我回來了。跑馬拉松的吳興傳又回來了。

我也體悟，對癌友來說，運動是為了延續生命，而不是為了挑戰生命。

運動是為了延續生命，而不是
為了挑戰生命。

開啟第三個十年的運動生涯

一個念頭，我的生命困境找到了出口。一個念頭，引起讓人意想不到的迴響，我想，這個社會還需要我。

二〇一〇年我太太過世，我自己也做了大腸癌化療，運動體能方面都發生很大變化，也無法再繼續帶領視障者跑馬拉松了。

當時，我很悲觀，大腸癌三期活不久的陰霾，一直籠罩著我，我請視障跑者張文彥另找陪跑員，我就專心地把我的病醫好，帶好兩個小孩。

生命經歷了巨大的困難。我太太在重病纏身的最後階段，因為恐懼，完全變了一個人，心裡的壓力到達極限，最後可以說是走火入魔。同樣罹癌的折磨，我也會怕，我會恐懼，我會惶恐，我會想依賴任何東西。

但我心念一轉想到，其他的癌友也會經歷跟我一樣的煎熬過程。我是運動員，身體一直很強壯，竟也會生病，我沒辦法接受，幾乎快瘋了。這種無法接受、心理陷入無底深淵、看不見希望的出口、不敢去想任何事、一想就會無止盡地往負面胡思亂想的那種狀態，我有這種情形，別的癌友應該也會有。

我又想到，我是一個運動員，每當運動的時候，腦筋會放空，不會亂想，我帶視障者跑步的時候，也一直用一句話鼓舞他們：「你雖然看不見，但你要自助才有人助，你要自己先走出來！」

於是我有了一個念頭，「是不是可以找其他的癌友，同病相憐的人集合在一起，彼此聊自己的病，一起分享如何面對的心情，然後一起走出來，一起去運動。」在我做完十二次化療，並且開始小幅的恢復跑步之後，這個念頭越來越清晰，我開始在內心中練習喊話，向我自己，也向其他癌友喊話：你要走出來，你才不會恐懼，你才不會鬱悶！

很奇妙的是，當我開始想到要為其他癌友做一些事的時候，原本陷在癌病的恐懼不安，似乎轉移了。跑出去的腳步也似乎更有力氣。

我跑步生涯的第一個十年是為獎金和獎盃而跑；第二個十年轉換跑道，為帶領視障跑友而跑；接下來，我似乎找到了第三個十年的運動生命的目標。一個機緣，使我的內心喊話，變成具體的行動。

我開刀後逐漸恢復跑步，由跑三公里，逐步加大里程，那一次我去報名挑戰癌後初馬萬金石馬拉松，碰到了一位也曾罹癌並抗癌成功的跑友，碰撞出一個火

二〇一三年第三屆環臺。
只要願意踏出一公里，就是抗
癌勇士。

花：我們兩個可以一起去騎車環島，沿途宣傳「運動可以幫助癌友更健康」。

我們兩個人越說越起勁，只有兩個人環臺，似乎太枯燥無味了，我們想，何不再找一些癌友，擴大分享的力量。

二十年前，我為了自己的光榮驕傲而跑，十年前我做公益陪視障者路跑，後十年，我想陪著癌友走出黑暗世界、走出病痛纏身的痛苦，迎向驕陽，我想這是老天爺給我的使命。

老天爺給的任務

只要做對的事情，老天爺都會來幫助我們。

我想要找癌友一起騎車環島，宣傳運動抗癌，可是要怎麼做才能找到其他癌友？我想到一個在當記者的朋友，想問他能不能寫一篇報導，讓其他癌友看到這個消息。

我在帶視障跑者張文彥登玉山時，認識了來採訪的中國時報記者曾文祺，他為了採訪馬拉松，自己也練習跑馬拉松，令人印深刻，也是少數知道我的病情和家庭狀況的記者，經常主動關心我和我家小孩的情況。

在我最苦悶低潮的那段時間，文祺會三不五時寄來包裹，裡面是一整箱從高雄買來的料理餐真空包，他說，我太太在住院，我在化療，沒辦法正常地為兩個兒子準備三餐，孩子肚子餓了的時候，餐包加熱一下就可以度過一餐。

我向他說明我的構想：我走了一趟鬼門關，命還能留下來，還能恢復健康，是因為跑步和騎自行車。運動拉我一把，讓我回到人間，而且漸漸走出憂鬱，所以我很想推廣「用運動抗癌」，想找癌友一起騎自行車環臺，騎經過各縣市時，也能讓更多癌友和他們的家人，看見癌友也能活得如此健康，宣導「出來運動，擁抱信心樂觀」的抗癌方法。

結果那一篇報導在中國時報刊登出來以後，廣播電臺主持人唐湘龍看到報導，找我上他的節目談這個活動。媒體發揮效應，十五、六位癌友打電話給我，報名參加環臺挑戰。

癌友們都很期待參與這次空前的活動，我們事先聚在一起團練，結果有幾位體力比較差的，我希望他們隔年再來。最後挑了十三位，訂在二〇一一年十一月，出發挑戰環臺一千一百公里。

但是出發前，我們還缺太多東西。連同陪騎親友和後勤友援人員，一整隊三十多人環臺十天，所需物資和食宿都不是一筆小數目。我們是公益性質，不向參加癌友收費，沒有經費，全省各地住處也沒著落。我打開通訊錄，上網查資料，開始打電話找資源。

老天爺真的會來幫助我們。我們一個一個電話打，有寺廟願意提供香客房，也有人提供育幼院的教室，給我們住宿。環臺十天要過夜九次，九個住宿地點竟然被我們找齊了。

有一天，臺北市長辦公室打電話給我，對方是郝龍斌市長。他說他聽到了廣

播，很想幫助我們成行，問我有什麼需要。結果，市府決定支援一組醫護人員，隨隊照護。市長說，他自己也喜歡騎腳踏車，每週都會騎腳踏車，希望有一天也可以騎著腳踏車環島，他非常敬佩抗癌勇士單車環島行動，為了讓環島行動更順利，安排臺北市衛生局提供環臺活動期間的各項醫療協助。

當時的文山區市議員林奕華，也來幫助我們，協助我們向衛生局申請了一部分經費補助，申請到的幾萬元，解決了每天中午買便當的經費需求。我們就這樣子成行了。

以前我曾帶身心障礙者騎車環臺，現在轉變為帶癌友環臺，我的身份同樣都是發起人和教練，但現在我多了一個身份，我自己也是有癌在身的身心障礙者。

環臺出發前，我突然有一個想法：這可能真的是老天爺給我的一種任務，不然一個好好的身體，如此強壯健康的人，為什麼突然罹癌第三期？為什麼住院十天化療十二次，癌病就離開我了？除了開刀，癌症在我身上，好像也沒發生什麼病痛，這個病可能是老天爺給我的一個大大的提示。

老天爺給我一個任務，希望我來做這一件事情，冥冥之中有註定，我一定會來做這一件事情。把這些人集中起來，需要有一個點火的人，這個火一點，大家才會圍過來。

騎跡勇士出發

我是一個跑者，並不是自行車的選手，但是，第一屆舉辦癌友環臺前，對於環臺方式，我沈思了很久，很少癌友有足夠的體力跑步環臺，騎自行車耗氧量比較小，困難度比較小。

決定以自行車環臺以後，我想，要打響第一砲，才能引起更多人注意，所以挑選了十三位很強的癌友運動員，其中許多位是各種運動的佼佼者，我稱為「騎跡十三」，果然引起媒體很多報導，產生了很多正面宣傳效果。

抗癌勇士在二〇一一年的十一月二日由臺北市出發，自東部宜、花、東，到屏東、高雄再一路北上，十天環島，沿路有許多地區的電視和報紙媒體，都採訪報導我們的近況。其他癌友們看到這次的新聞，都受到很正面的激勵，「人家得癌第三期、第四期，還是這樣健康，這麼勇，這麼強，活這麼久，癌症不等於死亡嘛！」

這十三位環臺勇士包括了罹患大腸癌二十一年的中興大學退休教授施慶賢、曾與林義傑一起挑戰過極地馬拉松的甲狀腺濾泡癌女運動員林舫楨，還有曾罹多種癌病五度開刀的三鐵運動員莊啟仁，他們都經歷過癌症的身心煎熬，也都靠著運動重新找回生命意義，現在他們希望透過他們的故事，鼓勵更多人勇敢地往前邁進。

其他抗癌勇士還包括甲狀腺濾泡癌十二年、睪丸癌七年、膀胱癌六年、大腸癌九年、鼻咽癌三年、肺腺癌三年、舌癌六年、甲狀腺癌四年、乳癌二年，以及我大腸癌三年。

癌友報名的人數比我們想像的多，我們篩選了其中十二位，沒選上的人我也很不忍心，他們都有很強的意念要參加。有一位癌友來自臺中，因手術腸子外露，也堅定地說要參加，一直在練習，但我們擔心他在環臺途中感染，不敢讓他去，他很失望。另外有幾位，還在化療中，我們擔心他們太虛弱。

第一屆出發後就碰到了很多狀況，天氣是很大的考驗，騎到花蓮時，氣溫高達三十多度，酷熱難受，過幾天騎到西部濱海時，氣溫只有五度，冷風直撲，前後溫差二十多度，對曾罹重大疾病的癌友們，是人體的很大挑戰。

這次騎車環臺的壯舉，就像是一趟「把勇氣傳出去」的旅程。出發時，臺北市長郝龍斌到自由廣場為癌友出征送行，行經各地時，宜蘭縣長夫人林素雲、屏東縣長曹啟鴻、臺南市長賴清德，都親自來接待我們，提供很多協助。第二年舉辦，騎到高雄時，高雄市長陳菊和立委邱議瑩都來為我們打氣。

曾罹患卵巢癌的立委邱議瑩說，癌症並不可怕，可怕的是對生命失去鬥志，希望癌友及家人一起走出戶外、迎向陽光，克服對癌症的恐懼。癌友們站出來，就能讓更多罹癌患者知道，只要努力運動、配合治療，就有機會重新找回健康。

屏東縣長曹啟鴻來為我們加油時，分享了他的一個朋友的親身案例，那位朋友罹患癌症，發病時醫生曾宣佈無法救治，但後來身體好轉，過了八年，目前已八十歲仍然健在，到處跟人分享自己種的菜，「有樂觀、快樂的態度，身體的狀況一定會改善。」曹啟鴻說，要學習環臺抗癌勇士的樂觀精神，跟癌症共生存時，必須調整自己的心態，接納自己的病症。

當媒體開始報導後，不但許多病友、家屬受到了鼓舞，癌友們騎車經過各縣市時，都有民眾主動為我們加油打氣，甚至還有人直接加入隊伍一起陪騎，令我們深受鼓舞。

第一屆癌友隊伍返回臺北抵達終點，板橋亞東醫院的一些癌友也來陪騎一段，癌症關懷基金會董事長陳月卿和新北市長朱立倫都來為我們鼓勵。我們把接受到的祝賀花環，轉贈給陪騎的癌友，彼此鼓勵、互相加油。

隊友之一的陶金銘，罹患甲狀腺癌兩年，是第一個來報名的癌友，起先他並

LOVE
TAIWAN
BIKE FAMILY

不知道能否跟著隊伍的速度順利完成環臺，他太太一路同行做志工。當抵達終點時，夫妻兩人興奮地擁抱歡呼。陶金銘說，以前忙於工作賺錢，不知道什麼是生活，罹癌後，妻子無微不至的照顧，「我才知道阿娜答是我永遠的情人，是如此愛我。」生病讓他更珍惜生命，認識到要對生命與家庭負責任，他並以自己也能完成環臺為例，勉勵其他癌友：「只要你願意，天下無難事。」

得到的迴響之中，最令我印象最深刻的是，抵達花蓮慈濟醫院時，院長陪我們一起探望院中病友，院長對我們說：「我是醫生，跟癌症病友講三天，他們都不聽，你講一句話，他們馬上精神百倍。」

我們在醫院以親身經驗，鼓勵和我們一樣的病友要振作起來。一進去醫院的癌症病房，我告訴病友們：「在醫院聽醫生的，出來就要像我們一樣。」

圖｜百希可提供

十八年的自行車

二〇一一年起，我們連續三年都在同一個時間，舉辦癌友自行車環臺活動，第二屆起，我們把參加對象擴大，即使平時沒有運動的癌友，或對騎車環島沒有信心的癌友，我們都希望能鼓動他們走出來參與。

只要有適度的練習和持續性的運動，就有機會完成環臺，而且也不一定要全程都騎完，能騎多少就騎多少，出來的主要目的是要增進健康。

對於一般體能的癌友來說，要騎車連續十天繞臺灣一圈，算是不小的挑戰，必須有不少的行前準備和訓練。每一年都訂十一月二日這同一個日期出發，我的用意就是，時間不變，想參如的人，從年初就可以開始練習，平常就有計畫的訓練，累積體力和騎車經驗，才有辦法順利完成環臺挑戰，更進一步希望大家因此每天都運動。

環臺這十天，只是一個活動的高峰點，只是一個手段，比這一個活動更重要的是，為了環臺，差不多要自我訓練半年，半年都在運動，參與的人會不停地在動，環臺回來以後，大部分的人會持續運動的習慣，這就達到環臺活動的主要目的了。

每一次癌友騎車環臺，都是巨大的工程，從第一年開始，路程中每年都會碰到大雨，每年都有意料不到的困難發生，但是為了癌友，我們將每年繼續辦下去。

每一位癌友會來參加環臺，背後都有故事。

二〇一二年第二屆環臺前，有一位家住臺北中和三十二歲的年輕人報名，他是大腸癌第四期患者，看到網路上的消息，積極準備來參加。但我告訴他，你還在做化療，而且癌細胞有轉移到其他部位，勸他等調養好以後，再來參加。他聽完我的話，平靜的，但一個字，一個字，很清楚地對我說：

「我不知道我有沒有明年。」

我聽了很難過。他再說了一次：「我一定要去環臺。」

我只好答應他，但要他量力而為，能跟幾天就跟幾天，情況不好就先回程。他沒有自己的自行車，我把我的一部車借他。他自己先一直練一直練，練了一個月。出發後，他很賣力騎，前三天都騎得比我快，到了花蓮港天宮，他說他必須回臺北了，因為隔天要做化療。我們就用車子送他回去。這一別，再聽到他的消息時，他已經在天堂了。

參加環島回來後，他到大陸去尋求醫治，但過了半年仍不治。這位年輕人曾對我們說，他這輩子最大的心願之一就是環臺，他一直很想運動，但生病後才開始已經太晚了。

同一年，第二屆的另一位參加者，來自臺中的陳燦廉，原本在第一屆知道消息時，就做了計畫，想要在第二年參加，他本身不是患者，打算要帶著罹癌的太太一起騎。但是，他太太在第二屆活動前四個月，不敵肺癌過世了，他在妻子過世後兩個月打電話來，「吳先生，我可不可以來騎，帶著我太太的照片去環臺。」「她在過世前有個心願，要跟我騎車環島一周，」他帶著太太的遺照環島，代替妻子圓夢，「她做不到了，雖然現在只有我，也要帶她一起完成。」

他在自行車的前面貼著太太的照片，出發了，全程騎完，而且沿路一直不斷提到太太。我騎在他旁邊，問他「會累嗎？」他幽默的說：「吳教練，你現在不要和我講話，你要問我太太，」他繼續說：「我現在是代表我太太在騎，你講的話我太太都有聽到」，我說你不要嚇人好不好，他踩著踏板看著前方：「我代表我太太完成她的夢，怎麼會累？」

他就這樣幫太太完成了一個夢想，「其實，是她在欣賞風景，我只是替她踩而已。」

他說，太太喜歡運動，十八年前送他一輛自行車，還許願夫妻要一起騎自行車環島。他騎著的那輛就是太太送的自行車。「每到一個景點都是一個夢想的實現，一路上沒有孤獨，只有歡喜。」

二〇一三年舉辦第三屆時，有一位朱姓癌友，騎到屏東萬巒，晚上休息時，說他不舒服，睡到一半，睡他旁的隊友跑來跟我說，朱先生不對勁，他很難受，我跑去看，要大家趕快叫救護車送去屏東省立醫院，抽血檢查，是橫紋肌溶解症，馬上住院。

這時才知道，他在治腎臟癌時少了一個腎，毒性、蛋白質排不掉，連續多天長程騎車，骨骼肌橫紋肌產生急速損傷，導致肌肉細胞壞死及細胞膜被破壞，肌肉的蛋白質及肌球蛋白滲漏出來，進入血液中並隨後出現在尿中，尿中肌球蛋白的濃度太高時，就會導致腎臟機能的損傷，甚至導致急性腎衰竭。

朱先生在臺灣沒有可以連絡的親友，他太太在大陸，我們不放心讓他一個人留在醫院，幸好醫師說他夠清醒，應該沒問題，我們隊伍才繼續出發。他住院三天後，搭車直接到桃園與我們會合，他帶著歉意說，自己平常太少運動了，就冒然來參加，差一點鬧出人命。

我更介意的是，他在報名時，並沒有告知我們已少了一個腎，少了腎會嚴重影響排汗功能，不可大意。朱先生在我們環臺前的團體練時時，騎到臺北文山區的山上時，我就看到他騎得喘，曾評估他的體能狀況，可能無法負荷環臺活動。但是，我不忍心拒絕，還是讓他參加了，這點我身為主辦人，應該要檢討。

辦癌友環臺活動，主辦人的責任和壓力很大，因為這些人都是重大疾病患者，從報名資料並沒法做出很詳細的評估。

我們每天平均要騎大約一百一十公里，有些癌友騎不了多少，跟得太慢，一天大約跟騎十公里，就上隨隊保母車。第二屆騎經到蘇花公路的驚險路段時，全隊二十三位癌友，有十八人上車，因為對他們來說，這段路負荷太大。

每一趟路都有挑戰，但只要有癌友願意出來參與，我們就願意繼續出發。

一公里與一千一百公里

癌友騎車環臺，必須做許多的準備。每次出發前，要至少安排三次團練，讓隊友們彼此認識、磨合，除此之外，隊友們平常也要自己勤於練體力。環臺前半年期間，每週至少要練騎五天，每天七十公里，每週累計要騎大約三百五十公里，這樣才算能達到環臺的基本體力。

我自己已環臺二十多次，累積的經驗是，如果事前練習量不夠，大概騎到第三天或第四天，大約是臺東要騎上壽卡那一路段時，面對二十多公里的上坡，就騎不上去了。那一段是環臺行程最陡的路段，最大的瓶頸，能夠過了那一段，之後就平坦多了。

幾次環臺，參與的癌友組合各不相同，激盪出的火花也不同。

因為我是運動員，我知道各種運動開始發起的時候，要找一些強而有力的選手，讓外界更容易快速看到這項運動。因此在籌辦第一屆時，我為了要把這個活動突顯出來，一定要找強而有力的癌友，來宣揚「運動抗癌」是有用的。所以挑選了許多位好手，這些人原本大都是在自由車、馬拉松或鐵人三項，已經都有很好成績。

第一屆環臺出發後，我們騎車平均的速度是每小時三十五到四十公里，這個速度對一般健康的人來說，也不易達到。第一屆的這些人真的很強，有些引導我們的警察會納悶說：「你們是癌症病人嗎？你們根本就像選手！」

騎行到各縣市，縣市衛生局的人員看著我們說：你們太好了，你們這些人太健康了，是抗癌的典範榜樣，讓其他的癌友看到，他們也會向你們學習，癌友的身份仍然掛在你們身上，但你們用這種身份示範了「癌症不等於死亡，癌症不等於弱者」。

因為第一炮打響了，各縣市也重視我們的訴求，接待我們到訪，安排我們進行宣導，到了二〇一二年第二屆，我就規畫，確實讓需要幫助的癌友、原本騎車體能並不那麼強的癌友，成為環臺團隊的主要成員，他們有些人剛罹癌不久，有些人平常很少運動，體能比較弱。活動簡章上，對於參加對象和條件，修訂為：只要你有心參與一千一百公里，即使只能騎車一公里，沒關係，可以上隨隊支援車跟著向前進。

臺北市郝龍斌市長持續關心我們，我向他說，第二屆我們不再找那麼強的參與者，所以我們需要有一部中型巴士，當癌友騎不動時，我們請他上車。市府派了一部中型巴士來支援我們。

第二屆有更多女性癌友參與，我們把騎車的時速，從第一屆的平均四十公里，下修為二十到二十五公里。因此，每一天我們在路上要花更多的時間，安全維護和各項後勤工作都加倍辛苦。

第二屆有二十三名癌友參加，年紀最輕的只有三十二歲，最年長者已逾七十歲，有的人甚至已罹癌二十二年。年齡最長的是七十三歲的林耀經，年輕時就愛在臺灣到處走，罹患胃癌後，胃部切除三分之二，這次首度騎自行車環島，在上坡路段有點趕不上同伴，一度嚴重胃痛，不過仍然撐過六大，完成一半旅程，他說一路上風景美麗，經驗非常寶貴。

第二屆慢慢騎，大家騎得很愉快。第一屆的幾位高手也有來，就在隊伍的後面陪著他們一路騎，把經驗分享給新人。二〇一三年的第三屆環臺，有十二名癌友參加，也依照這個模式，大家慢慢騎，主要是感受走出來的氣氛，也看看臺灣的美。

環島時，許多癌友的家屬一路陪騎，家人貼心、孝順、鼓舞，親情發揮了最大支持動力，幫助癌友戰勝病魔。

幾年來，每一位曾經參加環島的癌友，因為持續運動，過著跟正常人沒有差別的生活，而且更珍惜和家人相處的時光。每多走出來一位癌友，就是多一個家庭走出來。能拉一個人出來運動，就減少一個家庭的負擔，不只是經濟的負擔，也是心靈上的負擔。

我自己的兩個孩子，起初無法接受失去媽媽、爸爸又罹癌的事實，「癌」這一個字在他們生活中有很大的陰影，但看著我這三年多來變得如此勇敢，而且還鼓舞其他癌友迎向不一樣的人生，孩子也受到影響，我的大兒子就參加了第二屆，全程做志工，陪伴癌友騎車環島。

串連全島的後援補給線

舉辦癌友騎車環臺活動，受到非常多人的幫助。我們踏出去的每一步，都有來自各界的力量，在推動著我們。

宜蘭縣長夫人林素雲對我們有很多的支持，每一屆我們騎到宜蘭，都有許多社團來為我們加油，蘭花婦女關懷協會的朋友為我們戴上花圈，讓我們有回到家的感覺，有一次到宜蘭，大約有兩百位車友來陪騎，給我們很大的激勵。

各縣市的衛生局也幫我們做了很多事情，出來接待我們，如果剛好遇到午餐時間，會針對癌友的狀況，為我們準備口味清淡的餐盒。衛生局也幫我們把消息傳播出去，讓更多人知道：只要能走出來，會有很多單位團體幫助你。

二〇一三年第三屆騎到花蓮時，長橋國小特別邀請我們去學校，和學生交流。他們的畢業生也即將騎自行車環臺，我們的到訪，讓他們親眼看到，連癌症的患者都能，年輕健康的小朋友更可以有信心完成。

我自己做各種準備作業，寫信和打電話連絡各縣市相關人員。以前我臉皮比較薄，在一通一通打電話找各地住宿處、拜託各單位給予協助時，我會不好意思，不太敢講，後來漸漸的，我比較不會被「不好意思」困擾了，因為我越來越覺得，做這些事並不是為我自己，而是為那麼多癌友。

會得到各地方的支持，主要是大家都有愛心願意幫助癌友，也認同我們要宣揚的運動抗癌防癌的理念，還有一點是，我們連絡各地各單位時，都會講清楚我們是純公益的活動，沒有任何商業行為，癌友都是全程免費參加，因此各地多願意協助接洽，幫助我們找到便宜經濟或免費的住宿，接待我們簡易的餐點，並且還幫我們召開記者會。

第一屆開始辦的時候，沒錢，也沒住的地方，我想到了各地大型宮廟都有提供給進香香客住的地方，我便打電話找廟方人員，詢問有無香客房間可住，跑步認識的朋友也設心引介，給予各種協助。後來，環臺十天我們有六天是住在香客大樓。一般香客住宿每人大約收費三百元，但他們都提供我們免費的住宿，還提供晚餐和早餐。我們離開時，都會為該宮廟的功德箱捐獻六千六百元，六六大順。

不認識的人，我也盡力連絡。二〇一四年籌辦第四屆時，由於新竹住宿點要調整，我寫信也打電話主動找縣警察局長，告訴他說，我們找住宿地有困難。我並不認識局長，但他聽了我們的困難後，請機要人員協助，弄清楚我們的處境，盡力幫忙我們。

第二屆在規劃時，我們在桃園的住宿點要調整，消息傳出去後，人本教育基金會的人員從網路上看到，很熱心的協助我們，安排住宿點。活動開始後騎到了桃園，到現場才發現是遊民收容點，雖然場地條件並不很理想，但我們還是感激。

連續三年，經過雲林時，我們都住在私立信義育幼院，睡在院內教室的地板，與院童一起生活，一起吃飯，看到很溫馨的情況，從幼兒到高中階段的孩子，沒有父母的小孩，洗衣打掃漱洗和各種生活打理都是自己來，有還在包尿布的小孩，吃完飯不但自己收拾自己洗碗，還來幫我們收拾。育幼院吳文輝院長很熱心，曾帶著該院的孩子去大陸長程騎車，從北京到廈門，完成四十天騎三千二百公里的遠征，他看到消息，獲知我們在找住宿點，就主動連絡告知，歡迎我們去住育幼院。

專門設計生產自行車專業車衣的亞特力士劉世明董事長，從新聞報導知道我們要環臺，特地慷慨捐贈，為我們癌友每人量身製作車衣，當我們車隊騎到苗栗時，遇到低溫溼冷無比，劉先生和他的員工，特別在前一站，為我們送來另一套專用的保暖衣和保暖手套，還帶來了一大堆專門給競賽型選手補充熱量的補給品，為我們打氣加油，適時幫助我們順利度過惡劣的天氣。

量販業者家樂福全臺各縣市的門市，響應我們的抗癌環島運動，沿途提供泡麵、水果、營養品等物資給癌友當補給，公關經理何默真熱心的陪我們走過很多地方。

這些人我們原本都不認識，卻給我們這麼多溫暖。舉辦環臺活動，受到這麼多人的幫助，我的感想是，只要做對的事，老天爺會來幫助你。

臺北市長郝龍斌、宜蘭縣長夫人林素雲、屏東縣長曹啟鴻、臺南市長賴清德，都是連續三屆親自來接待癌友，為癌友加油打氣，這些首長真的是關心癌友，並不是為了選票，我深深被他們感動。

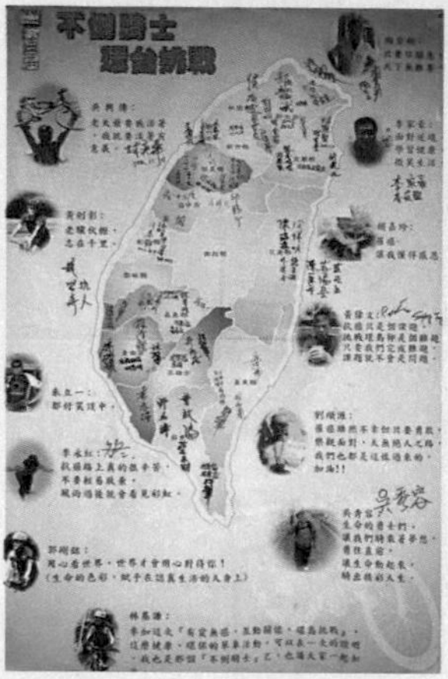

全臺各地支持不倒騎士的力量，連接成一千一百公里的挑戰拼圖。

臺北市長郝龍斌（左）連續三年到現場為不倒騎士加油。

許多宮廟提供住宿，並為不倒騎士祈福助力。
圖｜百希可提供

海外的迴響

我們在臺灣提倡運動抗癌的經驗，受到了海外的注意。二〇一四年四月，我與不倒騎士黃偉文，兩人一起搭機飛往馬來西亞，應馬來西亞癌病關懷團體邀請，出席「活出生命騎蹟」分享會。

分享會由馬來西亞國際癌病康復協會主辦，星洲日報為媒體夥伴，並獲得東保企業、Ecocana Sport及萬茂有限公司贊助支持。活動期間出席者包括國際癌病康復協會馬來西亞分會會長張雅詰、駐馬臺北經濟文化辦事處組長林渭德、臺灣大學馬來西亞校友會會長陳慧芳、國際癌病康復協會香港總會總秘書長陳海威等人，現場還有不少癌友及家人出席。

主辦單位組織了當地上百名癌友，與我們一起騎自行車，在公園宣導運動抗癌，鼓勵癌友一起出來戶外活動，並舉辦好幾場座談，由我和黃偉文分享自己的抗癌經驗。

我對馬來西亞的癌友和家屬說，過去三屆騎自行車環臺的癌友中，其中約五十人都是癌症第三、第四期的癌友，參加環臺活動後持續運動習慣，之後沒有人因癌病復發重回醫院，他們都是真正的「不倒騎士」，活出新的人生。

我自己做過十二次化療，如今手腳在冬天時還會感覺麻痺，不過這阻止不了我每年繼續辦癌友騎車環臺的決心，「意志力非常重要，我什麼都沒有，窮到只剩志氣，每一年都要號召癌友走出戶外，一起騎自行車環島！」

我邀請馬來西亞的癌友，來臺灣參與活動。二〇一四年的環臺，不只有馬來西亞的朋友要來參與，香港和大陸地區也有癌友和自行

受邀赴馬來西亞推廣運動抗癌。

車運動團體響應，來臺灣和第四屆不倒騎士，一起挑戰環島一千一百公里的壯舉，用最節能減碳的方式，接近臺灣這塊土地的美麗。

我在第四屆的活動宗旨中這樣寫著：挑戰環島一千一百公里，也等於是勇敢接受人生經歷中點點滴滴的挫折，並積極挑戰病魔，抗癌勇士和愛心大使手攜手，心連心共同達成這項艱鉅的任務；我們將彙整十天環島之行中，一路走來互相扶持與照顧的生命發亮故事，更要透過自行車環臺挑戰行動證明，永遠保持一顆快樂積極的心，再多的苦難也會迎刃而解，讓社會大眾更知悉珍惜生命的意義。

長橋國小師生邀請環臺不倒騎士到校交流。

越來越多女性不倒騎士參加環臺活動。
圖丨百希可提供

第八章 隨時隨地 再爬起

講完「我要走」以後，不敢看他們的臉，我掉頭搭上計程車離去。

後來的環臺路上，我每天邊騎邊掉眼淚，真怕手機響起，萬一電話打來說：我哥哥走了，我還能繼續騎下去嗎？

CONTROLTECH

哥哥的意外

鬥士重新再站起來，也不一定就此一帆風順。屢仆屢起，才是真正的不倒鬥士。

每一次跌倒，都可能是刻骨銘心，甚至是永難抹滅的傷痕。第一屆癌友環臺時，車隊裡有人重重摔了一跤。這一摔，幾乎將我再度擊倒。

第一屆癌友自行車環臺，我邀請我的哥哥隨隊當補給志工。他本身也是熱愛跑步和騎自行車，他的身材比我大一號，健康強壯，曾經多次在我發起與主辦的活動中，擔任陪跑員志工。

抗癌騎士從臺北出發，第二天騎到花蓮，那天中午，我們在花蓮糖廠用午餐時，我跟他說我很餓，可以吃掉兩個便當，哥哥坐在我旁邊，說他這幾天都坐在車上，體力消耗不多，吃不下那麼多，並從他的便當裡夾一塊肉給我。

一直到現在，他夾肉給我那個景象，還經常出現在我腦海裡。我把兩個便當的飯菜吃完，就集合隊伍出發。我轉頭看見，他借了同行的另一位陪騎志工的自行車，跟在後面一起出發。

大約過了一個小時，車隊騎到兆豐農場附近，行經一座陸橋，後面隨隊的車子急行開了過來叫我們暫停，「後面有人摔倒了！不知道是誰？」行程才第二天，有些志工彼此還不熟悉，而且我哥哥原本並沒騎車，開車志工描述傷者的身材和衣服後，我說那是我哥哥。

當時我研判，摔車的傷勢應不致於太嚴重，因此我決定自己回頭去看，請車隊其他隊友繼續前進，以免耽誤行程。

事情比我想像中嚴重得太多，我回頭去找時，隨行隊醫已把哥哥送往醫院急救，他頭部重創，流很多血。我趕到慈濟醫院玉里分院時，隨隊醫生跟我說：「他現在已經進去手術房，你現在去菩薩那邊，跪在那邊求菩薩……」送醫時他的瞳孔已經放大了，很嚴重。

醫生做了一個多小時手術後，出來告知我們，必須改送到花蓮慈濟醫院。隨隊醫生對我說明情況，他說，花蓮慈濟醫院設備比較好，送到那邊估計還可以維持一、兩個禮拜的生命。我一聽傻了，不是摔個車而已嗎，怎麼會這樣呢？我不敢相信！

比我更不敢相信的是我的大嫂和我的弟妹們。救護車一路狂飆抵達花蓮慈濟時，我嫂嫂他們已從臺北趕到花蓮。

「怎麼辦？」一面對嫂嫂他們，我那時候腦筋裡面一直在掙扎：要留下？還是要走？該留下來處理家人的事？還是該和車隊會合，繼續環島？……我一個人坐在那邊又愣了，就跟兩年前我被宣判罹大腸癌三期時一樣，我盯著前方看了很久，說不出一句話，腦中重複著：「我要走？還是要留下？」

最後我忽然想到，我要走！我抬頭向嫂嫂說：「這裡要麻煩妳，我要走。」我嫂嫂臉變了，我弟弟聽了這句話臉都變了。

講完「我要走」以後，不敢看他們的臉，我掉頭搭上計程車離開。計程車說開到臺東車資要兩千元。我就花兩千元包車，就這樣子走了，去追環臺的隊伍，把我哥哥留在那邊。

我走的時候，不知道我嫂嫂的反應，也不知道我弟弟、妹妹的反應。我那時候是這麼想，如果我沒有走，這個隊伍五十三位癌友再加工作人員一共有三十幾人，我已經把人家帶出來了，接下來九天各縣市的行程和拜訪單位都是我聯絡的，包括當天晚上要住哪裡，都是我一個人連絡安排的，我能不走嗎？如果我不走，他們這些人準備了很久的環臺挑戰，說不定就這樣解散了？「不行！」我內心浮起了這簡短的兩個字。

從醫院離開以後，在後來的環臺路上，我每天邊騎邊掉眼淚。每一天，我真怕手機響起來。我怕手機一響就是醫院打電話來，如果電話打來說我哥哥走了，我能騎得下去嗎？如果我騎不下去，癌友環臺的行程可能就會被迫無法完成。

忐忑不安擔心害怕中，熬過了八天，車隊終於抵達終點新北市，完成環臺挑戰。當天晚上我隨即包車趕往花蓮，到了花蓮還沒進醫院，我弟弟說大哥過世了。

我知道他一定是在撐，不然哪有那麼巧，巧到我帶癌友環臺完成他才過世。他的最後一眼我沒看到，在我從臺北趕去花蓮的兩個小時前，他過世了。這就是我哥哥，我覺得他以意志力在撐著等活動結束。

告別式時，我跟嫂嫂說：我哥哥替我而死了，我罹大腸癌三期，要死的應該是我吧，怎麼他會比我先走呢，他是替我而去死的。

我嫂嫂，以及我弟弟、妹妹，最後還是諒解我。但是大嫂娘家不原諒我。我知道他們說：「你幹嘛要走？是你哥哥耶，你就不能留下來陪他嗎？」有很多人也是這麼想，我無語回答。

現在回想起來，我走是對的，不走才是錯的。如果留在醫院，對我哥哥一點幫助也沒有；不走的話，也就沒有後來連續多年為癌友辦環臺挑戰活動了。

我想如果我哥哥在天上有知，他也會認為我走是對的。

許多事會發生，也許是命，也許是陰錯陽差。原本哥哥並不會來參與陪騎。在第一屆環臺前半年，我就邀他來幫忙，他說不行，因為他上班的地政事務所在環臺的那一段時間最忙，沒辦法請假。未料環臺前三個月，他騎自行車時被車子撞到，摔倒受傷，請了傷假，車子也壞了，休假養傷三個月，我說：「你每天窩在家裡也難受，你跟我去環臺走一走，只要坐在車上幫忙顧前顧後，有時幫隨隊司機輪流開車就好。」如果他沒來幫忙，事情就不會發生。

那一天在花蓮路上，他突然想騎車，向同隊陪騎志工借了一輛自行車，如果借車子時我在場，我會阻擋，如果我看到他上自行車沒戴安全帽，我也會阻止他出發，事情也就不會發生。但事情就是發生了。

內疚躁鬱症

哥哥為了幫我的忙，在環臺路上失去生命，重重打擊了我，再一次，我生病了。

前一年是我太太，這一次是我哥哥，我最親的人，一年走掉一個，我自己又罹癌，要照顧兩個小孩子，再加上我要上班，人家說蠟燭兩頭燒，我真的已經燒得焦頭爛額了。

我哥哥跟我相處五十幾年，從小兩人就是打打鬧鬧，我小時很皮，他很會讀書，長得高又壯，我以他為偶像，但是我從小就喜歡鬧他、激他，惹他生氣跟我吵架。我們從小沒有媽媽，我父親又是一個老好人，哥哥等於是我們幾個兄弟姊妹的精神支柱。我妹妹跟我，有什麼事情都先跟他吐苦水，跟他說發生了什麼事情，他都會在電話裡面仔細聽，給我們意見。

我太太走時，我都沒有像哥哥走時那麼傷心。我太太跟我相處了二十一年，我跟我哥哥相處了五十四年。

哥哥會摔車，我要負一半的責任，當天午餐後出發，路很平，我騎得太快了，時速騎到四十五公里，他在後面硬跟，怕追不上我們，而且他借的那輛車子不適合騎那麼快的速度，導致在那個陸橋過後的下坡路段，抓不住車龍頭。

越想到這些種種，我壓力越大，大到腦袋無法負荷。我去看過精神科醫生，醫生說我得了憂鬱症。我生病了，開始吃藥。

我會不自主的失控，在籌備第二屆環臺的期間，開會開到一半我會失控，人家對我有意見，我沒辦法接受，我會反彈，我會抓狂。回家時看到孩子不乖，我會出手打孩子。有人說吳興傳怎麼會變成這樣子？我也不敢跟社團裡的癌友說我生病了，有些癌友無法接受，就離開了社團。

我一度面臨難以再辦下去的困境，但是，如果我把癌友環臺活動終止不辦的話，我對不起我哥哥，哥哥是我約他去環臺而犧牲掉的，他犧牲之後，環臺就終結停辦了嗎？就這樣子沒有了？

我甚至曾經到廟裡求助廟公。廟公對我說，你要把這件事情再繼續辦下去，老天爺讓你哥哥替你而走，是因為你還有任務。

我那時候想，如果找不到癌友一起參與、找不到資源，我還是會去，我一個人也要環臺。我不要因為我自己的個人因素而中斷了環臺活動，如果還有命的話，一年、兩年、八年、十年，就算只有我一個人，我也要撐完每一屆，把它走完。

慢慢地自精神煎熬的谷底爬升，雖然苦，微光並未完全熄滅，熬過去了就會有希望。老天爺又來幫助我了，更多的癌友來跟我一起環臺，很多人伸出援手。我也逐漸從第二次生病走出來，靠著運動，把自己的心又拉到原來位置。

我要感謝我嫂嫂、我弟弟、我妹妹，我覺得很內疚，他們都沒怪我，反而給我力量。

後來幾年，每次我到哥哥的靈位前舉香祭拜時，都祈求哥哥能繼續保佑環臺的癌友。我說，哥哥，你已經走了兩年了，現在第三屆也順利完成，第四屆我們又要開始規劃了，你要保佑我們第四屆這些人順順利利平平安安地去，快快樂樂地回來。

感謝許多癌友，他們支持我繼續辦下去。我藉著運動，把過去的不如意，慢慢轉換成環臺的意志力。我們一、兩個禮拜就約騎一次，大家就為了準備環臺，各自付出心力。我相信未來會越來越好，大家會越來越健康。我希望一屆一屆地辦下去，即使我的生命終止了，後面會有人繼續辦下去。

每一次我們騎車到花蓮，花蓮衛生局局長來鼓勵我們，我第一句話都會講：「我又活過一年，我又活過了一年了！」局長都會笑說：「明年還要再來，你一年一年都要站在這個花蓮縣衛生局的臺上」，我說我會，我要把這些癌友一年一年地都帶來，讓大家一樣健康。這就是我的心願。

我的哥哥何興旺（第二排右），
跑在我後面，一直做我的後盾。

摔在同一個地點

我向哥哥發願，要繼續不斷為癌友舉辦環臺活動。第二屆時，我竟在同一個路段摔車。

抗癌騎士從臺北出發後，第二天騎到臺東路段，我發生嚴重摔車，而且摔在前一年我大哥摔車的同一路段，前後相差只有兩百公尺。我摔到車前面，翻滾了好幾圈，安全帽破了，昏迷過去。

相差一年，摔在同一個平路的地方，躺在同一個急診室，差別只是，我有戴安全帽，他沒有戴，所以一個人走了，一個人倖存。

我到如今都無法解釋，為何會摔在那裡。是我太累了？還是一種悲情的心理反應，讓我昏了，連帶身體出現不協調動作？眼睛在急診室張開時，臉整個被包起來，手腳也多處受傷，同隊的癌友都在急診室等我。幸好，擦完藥照X光，骨頭都沒有斷，只有擦傷。

摔傷後我沒辦法騎車，上隨隊車輛跟著車隊一路前進，一直回到臺北。沿路到各地去拜會，隨隊的姚景堯醫師每天去買人工皮，讓我在出席正式的拜會和公開場合時，可以把臉上的紗布拿下來，貼著人工皮，不太看得出傷勢，我仍然出面主持。

兄弟情緣不滅。哥哥在環島陪騎途中出意外，第二年我在同一個地點摔車。

車友回頭去看我摔車地點，地上有一道因鋪柏油而留下的一道細長隙縫，我的車輪剛好卡進去而摔車。摔車時我騎在車隊中間，而騎在我前面和後面的騎友，都沒有人卡進那道縫。

雖然摔倒，我又越過一次障礙，我更加重視車友的安全，我知道，要有隨時再爬起來的準備和勇氣，我再次把這一次難關，當成祝福。

跌倒後可以不斷再站起來，這就是勇士的人生，我們不會一摔就永遠起不來，這一次摔倒了，把灰塵拍一拍又站起來，今年摔傷了，等傷口復原明年又可以重來，這就是抗癌勇士環臺的精神。因此，從第三屆起，我們環臺的隊伍有了一個新的名字——「不倒騎士」。

精神不倒

為癌友而辦的環臺活動，要一直辦下去。而且我們有了一個共同的名字：「不倒騎士」。不倒騎士是一個精神，是精神的不倒。

這幾屆來參加環臺的癌友，大多是罹過癌病二期、三期、四期，這些人罹癌後，還有那麼大的意志，每天挑戰騎車一百一十公里，連續騎十天，這是相當困難的，靠的就是一種堅持不倒的精神，這些人真的是不倒騎士！

我希望「不倒騎士」的精神能夠一直推廣出去。能救一個人，走出來一個人，就是一個家庭走出來。能拉一個人出來運動，他的家人就減少沈重的心理負擔。

每一屆環臺時都有感人的親情故事。例如第三屆有父子檔、夫妻檔、兄弟檔，家人陪著出來，一路上陪伴，很感人。我的大兒子，也出來跟著環臺十天，一路上當志工。

在軍中時，曾有一個教官跟我說過，即使別人認為你錯，只要自己認為是對的，就把它做到底，做到底就對了。

面對困難和挑戰，我也常常會有「把它做到底就對了」的意念，這對我抗癌來說是很重要的力量。不要猶疑，做就對了，人生沒有多少時間去猶疑。我也對癌友說：你今天不環臺，你哪時候環臺？你今天不上玉山，你有多少時間等待下一次機會？

我媽媽在我們小時講過一句話，讓我受用至今：「孔子不收隔夜帖。」我意會到的就是，你不知道明天的自己會是怎麼樣，活在今天，把今天好好地充實地過完，該做的就去做，該堅持的就堅持下去。

我跑馬拉松也一樣，靠精神力量在支持，我的腳步也許不是最正確的，姿勢也許是錯的，但是跑到底就對了，只要一直跑，只要有在前進，只要堅持，總會到達終點。跑馬拉松，只要你不停下來，就會到達終點。

連續多年捐助車衣給不倒騎士癌友的劉世明先生，講了一句話，我也聽進去了。他說，當你已經努力了很久，不論再遠再難，成功說不定就是在你的前面，但是你不往前跨那一步，你看不到成功。有很多人沒有距離感，成功就在他前面，只差一小步，終點就在他前面，他卻停下來了。你跨出去，也許再多走一小步，就會有所不同。

做什麼事情也都是這樣吧，不要停下來，想做就去做，停下來中止前進，就不會到達終點。速度快慢都無所謂，只要有速度，只要堅持，就會到達終點。

圖｜百希可提供

第九章 抗癌配方

你會帶什麼去探視罹癌的親友？帶一本醫師談如何抗癌、防癌的書？

如果你帶的是一、兩位「活跳跳」的癌友同往，一樣是罹癌，卻活得那麼健康、那麼強壯的人，就站在面前，會有什麼效果？

LOVE
atlas

吳興傳的抗癌配方

相信醫生

許多癌症患者與家屬常徬徨於錯綜複雜的抗癌資訊，我選擇單純地相信醫生。在醫院工作的妹妹，介紹一位醫師為我治療，我便完全配合，既然癌症已上身，也只能接受，更重要的是，如何紓解壓力。

我認識一位大腸癌友，外文很好的高知識分子，經常上網去找國外最新治癌相關資訊，還透過網路，自行買了很多國外的藥來吃，他說：「醫生沒有給我夠好的藥，我要買更強的藥，要趕快把癌細胞殺死。」我認為他的觀念不正確，其實癌細胞是細胞的突變，給太多藥物反而會刺激癌細胞更快病變，細胞產生抗藥性時，會反彈，到時更救不了，所以我選擇相信醫師的專業。

同理心經驗分享

因為經歷過罹癌的恐懼，走過死亡的幽谷，所以更知道，罹癌者在最困難的階段，恐懼的心理如果能夠適時獲得紓解，就不那麼恐懼，就有機會較快重生，也才能避免陷入無法回頭的深淵，我自己的太太就是陷入深淵，在生病末期出現歇斯底里失常狀態，行為異常。

走過了這五年，我知道，最怕、最恐懼、最走不出來的就是罹癌第一年。那時碰到什麼事情都會恐懼，不知道明天是否能活得下來，不知道未來會怎樣。

在風雨中，繼續前進。

所以我認為應該要有一個部門，專門替罹癌者做心理輔導，應該要有一些人，來分享自己如何走出陰暗恐懼的歷程，帶領癌友走出來，一起來運動，幫助他們適當的放空自己，跟癌症朋友大家互相交流。

醫生雖有醫學專業，但不一定有同理心，也不一定有時間，更少有和癌症病人相同的罹病經驗，當初我在門診被確診為大腸癌時，醫生只寫給我一個「癌」字，下一個病人就進來了，我只能自己一個人面對，非常驚怕恐懼沮喪和無助。如果那個時候有「過來人」可以談一談，就能縮短驚嚇期和調適期，也可以減少被確診者輕生的念頭。由我們這些過來人，對剛罹癌的病友說：「不要恐懼，不用驚怕」更有說服力，因為我們實際經歷過，而且現在活得很健康。

我們可以想像一個情境，如果你要去探視一位罹癌的親友，你會帶什麼前去？一般人常會買一本談如何抗癌、防癌的書，書裡面大多數是醫師如何說、如何建議，但是，如果你帶了一、兩位「活跳跳」的癌友前去，癌後活得那麼健康那麼強壯的人，就站在罹病的親友面前，效果一定大大不同。

飲食控制

在飲食方面，生病以前，受父親影響，很喜歡吃大鹹大辣，每餐若是沒有肉，就覺得吃不飽，很少吃蔬菜。遺傳基因已經不好，後天又不控制，給身體那麼多不好的食物，難怪給予大腸癌上身的機會。手術後，吃比較乾烈的食物，會出現嘴唇破或肛門裂的情況，對飲食就更加小心了。

現在，我是醫生面前的乖乖牌，醫生叫我吃什麼我就吃什麼，我不吃醃、燻、烤、炸的食物，再製品也很少吃，吃當季的食物、不吃基因改良的蔬果。

我的妹妹和弟弟，支持我的最大力量。

家人支持陪伴

癌友在生病的時候，會把全家的生活都打亂，一個人罹癌，整個家庭都會陷在罹癌的處境，家人會擔心你，家庭裡的每一個人都被折騰。家人的陪伴與支持，是非常大的力量。

舉辦環臺活動，希望家屬也出來跟癌友一起參與，讓癌友們享受到家人一起環臺的樂趣，我們的隊伍中，有夫妻檔、兄弟檔、父子檔。有的家屬全家來當志工，老公騎車，太太和兒子來幫忙為全隊員補給，沿路陪了十天。

每一次抵達終點，癌友的家屬們上來為完成挑戰的罹癌親人戴上祝賀花圈，互相擁抱。這種擁抱是一種歡喜，是一種感動，更是一種巨大的力量。

曾經被癌所困的癌友，有一天可以走出醫院，甚至健康得可以環臺騎車，應該把健康的喜悅，分享給曾一起受苦的家人。這些喜悅、這些榮耀的分享，都是家人共同抗癌的力量。

運動可以長壽，也是一種寄託

對罹患重大病症的人來説，尤其是與免疫力關係密切的疾病，適當的運動，不只是抗病良藥，更是一種心靈寄託。

生病之前，運動對我來説，是我的第二生命。生病後，更直接關係我的生命。要活就要動，要動才能活下來，醫生也鼓勵病人運動，提升免疫力。

國家衛生研究院二〇一四年八月公布的新版運動指引，建議二十歲以上成人，每天至少健走十五分鐘，或是慢跑七點五分鐘，這樣平均可以延長壽命三年，

要活就要動，要動才能活下來，
醫生也鼓勵病人運動，提升免
疫力。

癌症死亡風險減少百分之十，全死因風險減少百分之十四；每天如果健走三十分鐘，則能延長壽命四年，癌症死亡風險減少百分之十五，全死因風險減少百分之二十。運動是指刻意活動，例如爬樓梯、繞路走、跳舞、爬山、慢跑等等，從完全不動到開始運動的第一個十五分鐘，減少死亡風險的效果最好。

還沒生病前，我運動是為了競技、為了比賽、為了突破成績。長時間下來，像是橡皮筋拉得很緊的狀態，再拉緊就會斷，對身體反而不好。生病以後，我是為健康而運動，適量運動。

目前，每天跑十公里，不求速度，是對我身體最佳的公里數。運動的時候，腦下體會產生腦內啡，腦內啡等同天然的鎮痛劑，還能讓身體舒服，心情變好，吃得下飯，精神愉快，不會亂想。

每天，我至少跑十公里，十公里要跨出三千多步，每天重複這個三千多個同樣的動作，表面上看起來很無聊，但是我享受著裡面的痛苦，享受著裡面的節奏。跑了十公里的設定目標，會有一種快活感，有一種挑戰成功的感覺，到達終點停下來那一剎那，忽然間身體會覺得很舒服。時常跑步的人，會了解這裡面的奧妙，享受裡面的痛苦。

在跑步過程中所練出來的耐力和忍受痛苦的能力，在工作上也能運用，一些企業主、成功者，有很多都是馬拉松選手，他們處理事情比別人冷靜。

跑步有時候會到達忘我境界，思維跳出身體，好像已經忘記自己，腦筋一片空白，忽然間回神過來後，停頓下來，會想過很多事情，可以思索更細微的東西。

漸進式恢復運動

大腸癌手術後化療期間，短期內我無法再跑步，就以騎車和游泳開始恢復運動，但癌病的影響太大了，體能已不如前，我卻急著想把體能恢復，太急著運動，自己一個人騎車上深坑阿柔村的山路，硬騎，騎到一半，噗地人車一起倒地，在山路上昏倒，後來，自己醒了，才再爬起來。

幸好我昏倒在地的時間內沒有車輛經過，否則可能車禍受傷。我又想，那麼久沒有車輛經過，如果我昏過去太久都沒人發現，後果也不堪設想。

多次在運動中昏眩倒地，仔細思考原因，都是因為太久沒有運動，馬上就激烈運動，頭部容易缺氧。

癌後運動不能太勉強。我認為，癌友或其他開刀重大手術者，若要恢復強度較大的運動，要先做到三件事，一是飲食正常，二是睡眠充份，三是適量運動。

我終於接受，我的身體不如以前了。後來，我運動前一定先熱身，不像以前那樣，一下子就要衝上陡坡。我身上有些細胞，在化治療時被破壞了，我開刀時，已經是五十多歲的年紀，術後復原能力也不如年輕人了。

現在，我運動是為了延續生命，不是為了要挑戰生命。

度過低潮的信心支柱

在我人生最低潮時，會想起父親。連他都可以站得起來，我為什麼不可以站起來？

我父親是從大陸隻身來臺的老兵，入贅給山上農婦，語言不通，工作不順，他太太突然喝農藥自盡、留下四個未成年的子女時，他已經五十多歲，又老，身體又不好，還欠了很多債，但他卻熬過來，站了起來。

我太太罹癌過世時，也留下兩名未成年的子女，我也五十多歲了，但是，至少我有一份公務警衛的薪水，我的身體比他壯，我要撫養的小孩比他少，我比父親的狀況好太多了，我一定可以好好把兩個孩子養大。只要這樣一想，我就可以從低潮中走出來。

我的運動員底子，也讓我有抗癌信心，能熬得住開刀和化療，且治療之後都沒有產生不好的狀況，在化療期間就可以逐漸恢復運動和體能，罹癌後一年半就能帶著癌友一起環臺騎車一千一百公里，兩年半之後就可以跑完全程馬拉松四十二公里。我更加相信，運動可以防癌抗癌。

在我心裡面，總有一股氣，這是我的生命最重要的元氣精神，這股元氣跟我跑馬拉松有關。再熱再遠再難，再大的艱苦，我的馬拉松精神就是：「咬得住痛苦」。

持續運動保持健康的體魄。

不倒騎士陶金銘的抗癌九帖

抗癌第一帖：家人堅定的支持

我是陶金銘，四年前我剛滿五十歲，被診斷出罹患甲狀腺癌第四期，由於家人的緊密陪伴，我才能面對生命的徬徨，走出人生低谷。

罹癌這件事情，它不只是個人的事情，而是關乎整個家庭。我很慶幸的是，在第一時間我就感覺到來自我太太給我的支持和溫暖，她呈現出來的那個神色就是「你不用擔心，我在這裡！」「我會幫你找到最好的治療方式」，她的眼神傳出來的堅定信念，是很強大的力量，所以我知道那個時候我不孤獨。

罹癌之後，我和我太太一起買菜，一起下廚的時間變多了。而且經常是我來掌廚，她當我的助手，我太太常誇我有天份，可以把一些放在冰箱裡讓她傷腦筋的材料、吃不完的菜、還是剩下的食物，變成一道道美味。

我覺得人經歷過一個重大的事件以後，會變得比較惜福，即使是尋常飯菜，吃起來都會覺得滋味不同。當你有一天意識到，可能存活在這個世界的時間不久，忽然會覺得，很多事情都不再那麼重要了，以前覺得該堅持和爭取的東西，應該為某個結果而努力。現在不是了，現在看待人際關係和身邊所擁有的，更懂得珍惜，在飲食上變得清淡，整個人生觀和價值觀都發生微妙的改變，欲望變得越來越少，人的欲望降低以後，反而比較容易知足快樂。

上圖｜陶金銘夫妻在參加單車環臺運動之前。

下圖｜陶金銘夫妻一起上街買菜。

我太太林淑麗是我治癌抗癌的最大力量，從她的外形和打扮上，看起來是都會女子，甚至有點嬌滴滴的模樣，但她其實是一個很堅強的女性，由於她成長於嘉義鄉下的一個農村，我的岳父和岳母都務農，形塑了她堅毅內在的那一面，是一種來自農村婦女身上所擁有的特質。

在抗癌的關鍵時刻，我太太經常提醒我要調整心態，過正常人的生活，不把自己當成病人，應該積極走向戶外。

得知吳興傳教練發起第一屆癌友騎車環臺，當下我就心動了，罹癌並接受治療以後，我很想在人生中完成一些事情，比下廚和上下班更大一些的事情，騎腳踏車環島對我當時的狀態來說，算是一個小小的壯舉，然而我沒有把握是否能夠跟著隊伍騎完全程，也不知道我太太會不會擔心。

我問我太太：「你覺得我可不可以去？該不該去？」

她很爽快的回答：「好哇，你想去就去啊！」還說她願意陪我一起去，去當陪騎或當義工。我們就當場擊掌「Give Me Five」，馬上打電話去向吳教練報名。

在罹癌之前，我覺得我的人生多的是時間，常常把有些想做的事放到以後再說，反正等以後有時間再慢慢來做。但是罹癌以後，我發現自己不再喜歡等待了，所有在腦袋裡面讓我有激情的想法，我覺得就有義務要去完成它，所以我買了重型機車，參加了潛水課程等。

自行車環島毫無疑問當然是一項激勵人心的活動。從第一屆起，我連續三年都參與這項挑戰，這個活動幫助我開啟了看待這片土地的視野，現在的我和太太也常一起去攀登三千公尺以上的高山，我們喜愛親身實地的體驗這片土地的美。

抗癌第二帖：打開 GOOGLE 研究病情

我是在二〇〇八年間的健康檢查時，被發現脖子上有一個結節，醫師建議我持續追蹤，我也照做了，每半年前往醫院新陳代謝科作一次檢查，每次都被告知為情況穩定，是一個良性的結節。

直到二〇一〇年四月間，不明原因的咳嗽持續了兩個星期，劇烈的程度已讓我無法正常說話和飲食，甚至影響睡眠和正常生活。這樣子的咳嗽是我從來沒有經歷過的，因此去找過好幾個醫生，內科醫生、耳鼻喉科醫生、新陳代謝科醫生，找了好多醫生但是統統束手無策，後來在桃園某醫院的耳鼻喉科，醫師決定為我的結節作一次切片檢查，結果發現它是拇指大的一顆囊腫，已完全發黑。

我自己當時並沒在意，沒有想過它會是腫瘤，認為充其量就是個囊腫而已，哪裡曉得，一週後進入診療室看化驗報告，醫師神色凝重的開出診斷證明，寫下「甲狀腺癌」四個字，然後指示我可以去申請重大傷病卡。當時，我真的是沒有心理準備，頓覺眼前一片昏暗，世界突然間就寂靜下來，沒有聲音了，腦袋裡只剩下一片空白，或說是一片蒼白更貼切。

因為當天我還有一個行程，我必須要再跑一趟中壢，我就像一具行屍走肉般，沒有知覺地走到停車場，沒有知覺地打開車門，沒有知覺地發動引擎、把車開出去、開到目的地；然後也不知道跟人家談了些什麼，就這樣子一路上腦袋一片空白，回到家裡。

其實那個時候，我並不知道癌症到底有多可怕，根據以前看戲劇節目的印象，認為癌症跟絕症之間可能就是等號吧，心想我的時間很可能所剩無幾了。之後就開始了一段多數癌症病友會經歷的心路歷程，沮喪、徬徨、自怨自艾，然後慢慢一步步走下去，情緒轉為珍惜現在、逐漸堅強、面對病情、接受治療、迎向新生。

我被診斷出甲狀腺癌，有如遭晴天霹靂的那一天，回家後打開電腦，開始Google查甲狀腺癌這個東西，我瞭解到，原來甲狀腺癌不是那麼可怕的一種癌症，它跟身體內的那些像是肝癌、骨癌、血癌等癌症相較，這是相對友善的一個癌症，致死率只有百分之二而已，五年存活率也高達百分之九十，我一時之間寬心了不少。

最起碼，我想，我應該不會那麼倒楣，就是那個百分之二吧，至少還有五年的時間，如果真的有五年，我還可以做許多事情，應該夠了。那天晚上，我的情緒就比較平靜了。

內心當然還是會有一些翻騰，想到我的家人怎麼辦？那個時候，兩個女兒在美國念書，一個兒子還在讀國中，他們是我的牽掛，即使知道五年存活率滿高的，難免還會有一個念頭，萬一情況惡化的話，也有可能不到五年了。那是心頭一個很大的陰影。

抗癌第三帖：依照醫生的指示

我從一開始就進行正規的治療。沒有去尋求偏方，我相信現代醫學，醫生告訴我怎麼做，我就打算照醫生的指示去做。

我的治療方式是切除甲狀腺和接受碘131放射性治療，在做放射性治療之前的半個月，必須進行無碘飲食，也就是所有吃的東西都不能含有碘，一般的市售鹽有加碘，所以有鹽的食物也就都不行。那一個月我的飲食有點像是苦行僧，什麼東西都要自己準備，能吃的東西非常有限。

經過一個月的無碘飲食之後，體內的癌細胞會強烈地需要碘，因為它處於嚴重飢餓的狀態。當我們把如同「體內核子彈」的碘131藥丸吞到胃裡，它會產生強大的輻射力，讓癌細胞靠近過來被殺死。當然醫生專業的描述不會是像我這樣，我這樣很白話的講法是把它卡通化了。

我在二〇一〇年十月間切除了甲狀腺，十一月間完成放射性治療後，至今過了四年，狀況堪稱穩定，除了偶而出現的心悸、盜汗外，生活上幾乎與常人無異。

抗癌第四帖：善用有生之年

雖然我在很多年前，就已簽下全身器官捐贈的同意書，自認對生命的態度算是比較豁達的，但是有了這個罹癌經歷後，感覺到人應該善用有生之年作更多的事，讓這個世界變得更美好。

我雖然不像第一屆環臺癌友的其他隊員那樣，多數擁有足以傲人的運動經歷，可是我經常利用自行車作為交通工具，一來健身、二來節能減碳，我相信只要一段期間適當的加強訓練，環島之行肯定是沒有問題的。

我想一般人或大多數的病友是像我這樣的，平時多半是從事一些休閒性的運動，如假日登山、公園跑步、騎車賞景等；如果我在罹癌治療後的半百之年，仍能夠完成自行車環島壯舉，那麼大多數的人，更會相信他們自己也是有能力做到的，「只要你願意，天下無難事」雖是老話一句，卻也是最能鼓舞病友們的一種健康心態。

抗癌第五帖：情緒性字眼不要輕易出口

剛被宣告罹癌的初期，情緒的轉折是複雜的，它讓人變得敏感，甚至有些人會產生自暴自棄的情緒。

我遇見過一個癌友，他在那個階段就很艱難。他跟我一樣也是甲狀腺癌，我是乳突型的，他是濾泡型的，這兩型基本上都算是比較友善的癌症，但是他剛檢出罹癌的時候，陷入一個非常低潮的時期，跟他太太發生很嚴重的摩擦，他一直覺得他沒有辦法再給家人幸福了，他覺得他太太跟在他身邊是一種壓力，居然想要結束婚姻關係，叫他太太離開他。

家人其實沒有要棄他而去的意思，只是他自己覺得沒辦法再像以前那樣供應這個家庭了。這不是一個特例，經歷類似這種情緒轉折的癌友，應該不在少數。外人很難理解也不明白為什麼，那些自我折磨的念頭和非理性的反應就是會出現。

我慶幸沒有跟我太太說過我要離婚；離婚這兩個字，千萬不要輕易說出口。我很確定的就是，在第一時間就感受到來自我太太的支持跟溫暖。她那些不經意而細微的動作，像是握住我的手，就那樣子緊緊地握住，不必言傳我就知道她是在那裡了，我知道。

就是在那個最徬徨、最艱困、最無助的那個時期，我跟她的眼神接觸，我看得出來她是鎮靜的，而且她是有方向感的，永遠篤定下一步要怎麼走下去。

我想每一個癌友都會有面臨徬徨、無助、脆弱的那個時期，身為癌症病友的家屬如果能夠提供更多的精神上的支持跟行動上的撫慰，對我們癌友而言都會是很大的幫助。

抗癌第六帖：不要把自己當病人

我在罹癌之後，在家中並沒有獲得很特殊的照顧，我不是抱怨老婆沒有特別照顧我，我的意思是怎麼未如預期的有人刻意來呵護我，讓我享受一些當重症病人的特權。她用那種一切如常的方式對待我，久而久之我就不覺得自己是病人，我認為這樣的方式滿好的。

人在很小的時候，就學會了一種行為模式叫作「會吵的孩子有糖吃」。當你肚子餓了一哭，媽媽會來餵你飯，你身體只要有哪裡不舒適，你提出了要求，往往都會獲得妥善的照顧。

在婚姻關係當中也是，往日我努力盡責當一個家庭的守護者，好不容易我現在生病了，是不是該得到一些撫慰？得到一些溫柔的照顧？我曾經試過：「親愛的，我得癌症了，可不可以去幫我買個什麼……我想要什麼什麼東西……」結果發現這一招，在我們家不太管用，我太太常會回應說：「少來了，你不要把癌症拿來當神主牌，那個沒用。我跟你講，你在我眼裡就是正常人，你就是給我好好地繼續過下去就對了。」

她或許是有意地讓我覺得，我可以不必是一個病人，我們就像以前一樣，繼續過日子。唯一的差異就是，醫生開了一張診斷書，叫你去領一張重大傷病卡而已。你還是好手好腳，繼續作你能做的事情，你可以自己洗澡，你可以自己出門開車，你可以上班，你統統都可以。那為什麼要覺得自己有癌症？

到後來發展成，醫生說我是癌症，但是我覺得我所有的東西統統都跟從前一樣，沒有什麼變化。只是我從現在開始，要吃藥了，要做定期追蹤、定期檢查，就這樣子而已；生活逐漸回到常軌。

抗癌第七帖：想做的事化為行動

二〇一一年四、五月間，我已做完放射性治療，進入追蹤期，在偶然的機會翻開報紙一看，有癌友在召集癌友，要去挑戰騎自行車環島，這件事立刻抓住了我的眼球。

我覺得自行車環島對我個人來講，應該有很大的鼓舞作用，如果我去做了，而且做得到的話，我會更加確定，即便我在以往覺得有難度的事情，在罹癌之後我要證明同樣能做得到。以前常常是停留在想做的層次上，現在則是要化為行動，我要去把它完成。

第一屆環臺出發，第一天紮營以後我就發現，原來我跟大家的想法有點不一樣，我是帶著點玩心和休閒態度來的，想說用十天看遍臺灣美景，然而隊友他們不是，他們就像運動員一樣，出來運動並且做一件助人的工作，要讓更多的癌友得到這個訊息，可以藉著運動走出黑暗情緒的角落，第二天起，我的心態就調整過來，明白了這是一件利己助人的正經事。

我們碰到連續四天下雨不停，從早到晚全身都是濕透的，一樣要繼續在公路上前進。在東岸，好多原住民朋友看著我們這樣子騎腳踏車，看到我們穿的衣服上印著「抗癌勇士」，沿途他們會幫我們拍手和呼喊加油，來自陌生人的溫暖很感人；各縣市政府接待單位會邀請當地的癌友，來跟我們分享罹癌心境的變化，很有意義。

報名環臺活動之前，我最遠的騎乘距離就是從新莊的家騎到萬里，大概七十公里，對我來講已是好大一個挑戰。環臺是每一天要騎一百多公里，而且會有上坡下坡、蘇花公路、南迴公路等比較難騎的路段，但是我又有一股不知道哪裡來的自信，我認為我一定做得到。十天之後，騎完了一千一百公里，證明我做到了、完成了。

返抵台北時眼眶是濕潤的，完成的那一剎那，自己也是滿感動的，在日後碰到挫折時，我都會覺得說，「是的！只要我認為做得到，我應該就有能力去完成它。」

抗癌第八帖：多買幾件運動衣加入團隊

參與自行車環臺活動，毫無疑問地我是明顯的受益者，因為我開始持續性的

運動了。以前我從來不會把自己歸類為一個熱愛運動的人，也沒有運動習慣，生活習性也沒有自律，環臺以後，我發現團體裡面好多癌友都是規律地在運動，甚至有很多都是參加業餘比賽的選手，我在他們身上看見自主性跟自律性，他們會給自己訂出一個目標，一個禮拜要騎乘多少距離，要練跑多少次，要達成什麼樣的運動計劃。

隊友每次見面的時候，大家都是穿運動鞋、穿運動服，原本我的衣櫃找不到幾件運動服，吳興傳教練還曾說「你這個喜歡穿西裝的」一來刺激我。環島之後，我陸陸續續去買了好多運動衣運動鞋，我跟教練說，我現在懂你說的意思了，在還沒有當運動員之前，先要把自己

陶金銘（中）與黃偉文（右一）
兩家人因環臺結為好友。
圖｜百希可提供

弄得像個運動員，才會真的去運動。

我現在不管是體能狀態，或者是生活節奏，過得比以前更好，這個經驗應該把它推廣出去讓更多的癌友知道，也讓更多的一般人知道，我們可以藉著運動，拉攏家人跟我們一起投入健身行列，讓我們的生活品質獲得提升。當吳興傳教練發起成立以推廣運動抗癌為主的抗癌協會，舉辦平常的團練聚會，我總是很高興的參加。

一個人要發生轉變，需要有一個轉捩點，自行車環島活動是我的轉捩點。我從自行車環島回來以後，日常生活幾乎不搭電梯了，統統都是爬樓梯，即使我的辦公室在十一樓，我仍然爬樓梯走上去，甚至是跑上去。現在的我覺得運動可以給我的身心靈都帶來滋養。

我們在抗癌協會當志工，它是一個非營利組織，我們去分享對運動的愛好跟理念，我發現以前腦袋裡面比較關注自己的事，像是自己的事業狀態、自己的投資活動等，當我們開始投入社會公益活動的時候，我們會多出一部分心力關注他人，很奇妙的是，人不為己時反而獲得更多的滿足與快樂。

加入抗癌社團，我真的想要分享一個美好的訊息：「運動對身體是有幫助的，運動對家庭的和諧氣氛是有幫助的。」

抗癌第九帖：早一點作篩檢

我是甲狀腺癌四期，罹癌到現在已經第四、五年了，除了每天需要服用甲狀腺素以外，我覺得一切都很好，生活與常人無異，病情追蹤都在醫療體系的掌控之內，我可以樂觀地認為，我往後還有另外一個十年、另外一個二十年，甚至三十年都有可能。

臺灣的醫療體系真是一項了不起的成就，我們在醫療的普及性和便利性上，應該是世界上數一數二的，光是免費的癌症篩檢就令許多外國人都忍不住流口水，因為國外的醫療費用是極其昂貴的。有這麼好的系統在那裡，朋友們一定要去做癌症篩檢，早期發現和早期治療會提高治癒率，以現在醫學進步程度來看，多數癌症都不是絕症，是可以醫治的。

更多的不倒騎士

大腸癌不倒騎士黃偉文：拉近夫妻距離

我是黃偉文，已滿六十歲，二〇一二年四月發現罹患大腸癌初期，開刀將腫瘤切除後，以運動取代化療，同時改變飲食與生活習慣，及時退休除去壓力來源，兩年來，活得更健康、更有意義。

我來自香港，原本在臺北的美僑俱樂部工作。從小就熱愛運動、潛水、打球及騎自行車，來臺定居後，每年做定期健檢，在例行性大腸鏡檢查，發現有一顆兩公分的惡性腫瘤，接受醫生的建議開刀治療後，目前病情穩定，和一般人生活沒兩樣。我最想對大家說的是，大家要養成運動習慣，多數人都是生病時才會想到要運動，但是等身體健康了又說沒時間運動。

兩年前因為生病的關係，從工作中退休下來，期間也曾經歷恐慌。七月份動手術，恐慌症在八月底九月初時來襲，我原本很開朗，很多負面想法會一下子跑出來，失去所有信心，連逛百貨公司都沒辦法，陷入非常糟糕的狀況，連坐飛機都怕。

與吳興傳教練相遇是偶然，二〇一三年的某天，我開車聽廣播，聽到有一個癌友自行車環臺活動，當天晚上我太太就打電話給吳教練，從報完名第一天起，每天早上我們就開始練體力。剛開始動機很單純，想試試我可不可以做得了這件事，但在環臺十天期間，交了很多可以交心的朋友，以前念書、工作期間交的朋友是夥伴，但這次環臺十天交的朋友更是難得，大家都有相類似的難關，志同道合，一路上加油打氣交換心得，也想要一起幫助其他癌友。

從這活動得到的，比我們想像得更多。很感激我太太，以前她不是很愛運動，為了要陪我環臺，全程都沒有上車，全程騎完。

黃偉文夫妻，風雨中騎經東海岸。

環臺後，協會安排了許多路跑和騎車的活動，她因此養成了運動習慣。現在我太太跑步比我更積極，會常提醒我持續運動。因為這個病，也因為運動，大大拉近了我跟我太太之間的距離。

吳興傳教練對隊友對工作人員都很溫和，但他也是很堅持的人，要辦這麼大這麼特別的一件事，需要克服很多困難。有他的堅持，才有抗癌協會，我們才有機會參與這樣的活動。不倒騎士朋友們對吳興傳教練的支持，是為了支持吳教練完成他的夢想。

參加環臺，讓我忘記自己是病人，每天騎八個小時以上，大家嘻嘻哈哈，晚上大家談話開玩笑，很開心，非常快樂，根本忘記有病。環臺結束後，大家就開始約騎。

運動給我最大的啟蒙是，當你在運動時，你會專注在運動上，你會忘記你是個病人，會忘記你有什麼問題，這就是在幫助你自己。

乳癌不倒騎士李永紅：找回自信更有力量

我是李永紅，今年五十三歲，一九九六年從大陸江西嫁來臺灣的臺中，八年前檢查出乳癌，回想娘家大姊乳癌半年即過世，我一度灰心絕望，所幸癌症病友團體的協助，讓我度過手術、化療艱辛歷程，更已挑戰過六次單車環島。

確診為乳癌時，自己像是被宣判死刑，因為家族有乳癌病史，我在失望沮喪之際，有一位罹癌十三年的病友特地打電話給我分享她的經歷，我才知道，乳癌並不一定馬上就沒救，並有沒那麼可怕，如果我可以再活個十三年，到時兒子都當兵了，也沒什麼遺憾了，我決定接受治療。

化療的痛苦，讓我再度陷入人生低潮，半年十二次化療，嘔吐、頭暈、無法正常吃睡、粘膜潰爛、身材也腫胖到九十公斤，生理和心理遭受多重衝擊，這段艱苦過程，如果不是有病友們不斷鼓勵與關懷，我實在撐不下去，看到他人雖同為病友，還熱心的伸手相助，我更覺得自己沒有理由不走出來。

治療後，我開始運動，參加單車環島活動，因此愛上騎單車，騎車讓我找回自信，更能奮勇抗癌。我康復了，我有能力了，我開始關懷其他的癌友，也同時關懷在臺灣的新住民姐妹，很高興我的兒子也跟著我一起參與「環島送電腦」給新住民家庭的活動。今年九月，我把運動抗癌的經驗帶回我的家鄉江西南昌，把臺灣的愛心送

冬冬李永紅。
圖｜百希可提供

給當地第一附屬醫院的癌症病友，鼓舞他們走出來過更健康的生活。

現在我每天早上跑十公里，每週游泳兩到三次。我曾參加新光大樓四十六層登高賽，今後每年我都要固定去騎車環臺。在我的鼓勵下，江西的癌友也將來臺灣，和臺灣的不倒騎士們，一起參加二〇一四年十一月舉辦的第四屆環臺活動。

扁桃腺窩腫瘤不倒騎士劉順源：全家人一起走出來

我是劉順源，今年五十七歲，六年前發現扁桃腺窩惡性腫瘤，歷經開刀、三十四次電療和六次化療，到去年已滿五年，我越來越健康，體能越來越好。

原本我長期從事民生日用品的業務工作，體重和業績成正比，胖到一百公斤，罹癌後治療的八、九個月時間，我從新竹搬回鄉下老家桃園觀音調養，那裡空氣好，可活動的空間也較多，而且與年老的父親母親以及更多家人一起生活。雖然電療化療去掉了半條命，看到家人，我要活下來的意志變得更堅定，也從散步開始運動慢慢希望提高免疫力，從學校操場三百公尺開始慢跑。

後來我越跑越多，增加到三公里，十公里，陸續參加幾次半程馬拉松。二〇一二年十一月，我五十五歲，在我罹癌後第四年，在新竹挑戰人生初馬，用六小時完成第一場四十二公里的全程馬拉松，我的三十五歲的女兒和四歲的外孫在終點迎接我，我很高興，他們更高興，因為有了一個更健康的爸爸，更強壯的外公。

全家人一起走出來的感覺真好，我在鄉下跑步時，我太太會騎腳踏車跟著我。參加不倒騎士環臺時，我太太在出發的前兩天和行程最後的兩天，都來陪騎，我的女兒從新竹開始沿路開車為我們拍照，車隊抵達終點，在臺北的慶功宴，我父親、母親、太太、妹妹、女兒、兒子和孫子都來了，全家就坐滿一桌。我三十二歲的兒子已經向公司請好假，並且加強練騎，他要來參加今年十一月的

上圖｜劉順源。
下圖｜劉順源的太太陪騎完成環臺挑戰後，夫妻深情相擁。

不倒騎士環臺，全程陪騎當隨隊志工。

現在我每週一到週五仍要上班，但每週我保持騎車兩次、每次八十到一百公里，每週跑步一到兩次、每次十到二十公里，我已跑過更多次全馬且成績進步到五小時三十分，我體重維持在六十六公斤左右，血壓、血脂和尿酸三種指標都維持正常標準，我會繼續保持運動，鼓勵更多人出來運動。

肺腺腫瘤不倒騎士林基謙：換個角度看世界

我是林基謙，今年五十四歲，四年多前檢出罹癌，我能從癌病患者走向健康，主要是心態保持喜樂的心態和一直保持適量的運動。

凡事總是有好的一面，「害怕或信心」是一個選擇，「負面的想法或正面的想法」也是一個決定，我抗癌方法和我面對其他困難時的方法是一樣的，從想法意念開始，「換個角度看世界」，往不同角度想，只要勇敢面對，並時常用信心與笑容去面對各種的壓力和挑戰，相信就一定可以享受人生，活出愛。

從小我就喜歡運動，就讀高中時參加橄欖球校隊和桌球隊，學生時代還去參加社會組的足球隊，運動讓我有更好的體能和意志力。後來忙於工作懶於運動，體力下滑很多。治療癌病之後一年，我開始恢復運動，健走、跑步和騎車，而且為了能夠大量流汗和排毒，我常利用上午十點到下午兩、三點之間，日正當中的時間去騎車，培養更強的抵抗力。

我不吃補品，運動就是我的補品，自近期停用標靶藥後，開始恢復原本服用的血壓藥，現在的體能狀態比幾年前好很多，可以連續十天，每天騎車一百多公里環臺。能參加這個既健康又環保的單車環島挑戰活動，可以再一次證明，我也是「不倒騎士」，我要繼續和大家一起加油，也為發起活動的吳興傳教練加油！

林基謙。

直腸癌不倒騎士李家豪：樂觀最重要

我是李家豪，一九七四年生，從事室內設計工作，每天工作忙碌壓力不斷，晚睡、失眠、焦慮一項不缺，二〇一三年四月開始，發現每天竟然排血便達八次之多，經醫師診斷後，七月確定患直腸癌，癌細胞已擴散至淋巴及攝護腺，生活一度陷入慌亂。

突然接獲罹癌惡耗時，我才三十九歲，想起家中兩個幼兒，我必須繼續保持樂觀心情面對，立即前往醫院積極治療。罹癌後參與癌症社團，找出罹癌原因，

李家豪完成環臺挑戰，接受姐姐擁抱祝賀。

發現常吃消夜也是原因之一，後來發現癌症病患發起「有愛無癌，互動關懷」自行車環臺挑戰活動，認為自己也需要走出戶外，因此立即報名。

我的心得是，患病不可怕，帶著樂觀的心情最重要。靠著運動和正常作息，原本八公分的腫瘤，已縮小到幾乎快不見。

李家豪。

十五年前的剪報

我和吳興傳的緣份，從十五年前一條五十公分長的繩子開始。一九九八年，我隨隊到美國採訪臺灣各種身心障礙選手參加紐約馬拉松，採訪的主角是臺灣第一個跑完全程馬拉松四十二點一九五公里的全盲跑者張文彥，吳興傳是引導跑者，用五十公分的繩子牽引，曾帶著「臺灣阿甘」張文彥在紐約創下個人最佳的四小時零八分成績。

回國後，我在中國時報的社會關懷版做了一篇視障引跑員的專題報導，長期在背後訓練、引領視障跑者的吳興傳，第一次在媒體以主角版面被看見。

五年前，我也開始參與長跑，在好幾次路跑場合，再見吳興傳教練，他都在忙碌奔走發傳單推廣公益路跑活動。我並不知道，他那時正陷在近乎絕境的處境中，後來才輾轉聽聞，他和太太兩人同時罹患癌病。

一九九八年紐約馬拉松。一個
長達十五年緣份的開始。

今年我和導演許哲嘉一起合作，為大愛電視臺企畫拍攝「甘願人生」系列人物紀實片，想到了吳興傳，與他相約在木柵景美溪河岸跑步。我們一起跑了十公里，這十公里一個小時的跑道上，他邊跑邊講了曲折崎嶇的人生，從一個驕傲的馬拉松運動員，突然遭逢一連串接連而來的打擊，在一再的重創下，他不斷找活路，強韌的活了下來，還發願從此要為癌友而跑。

紀實片拍攝期間，我們多次進入他家，一個只有一位罹癌男人和兩個未成年兒子的家，看他晾衣服，看他為自己和兒子煮養生青草茶，看他從櫃子裡拿出太太最後一次陪他去跑馬拉松時留下的計時手環，我們拍攝的主題，從一個跑道上的勇者，轉移到一個無法閃躲各種命運的父親。

吳教練長我六歲，他的兩個兒子，和我的兩個女兒年紀相差不多，當他講述在與兒子無數激烈的衝突中如何重頭學習做一個父親，他回想起他父親的孤單無力，回想起他和兒子都在同樣的年紀突然沒了媽媽，我也開始想念我的正進入青春期的女兒。當他描述為了家境讀軍校、入伍後適應不良、退伍後想盡辦法謀職求生，我想起我在彰化農村故鄉的兄長和同學們，時代滾輪向他們的命運直撲而來，他們同樣無法閃躲，同樣只有不斷找活路，強韌活下來，而且還能在困境逆境中，讓人從他們身上品嚐到回甘滋味。

紀實片拍攝後期，吳教練說想要出一本勵志書，隨著癌友單車環島時，帶書到各縣市去宣導運動抗癌，我們第一個想到的適合作者都是曾文祺，中國時報的資深體育記者，曾經寫過許多位臺灣運動員的人生故事，也長期採訪報導馬拉松活動和吳興傳近年推動的癌友單車環臺活動。可惜文祺無法分身，吳教練詢問我的意願，我因時間難以配合，無力幫忙。

出書的計畫陷入困境，有一天吳教練講了一個小故事。五年前在他最困難無助的時候，太太被判斷只剩幾個月生命，他也必須去醫院接受化療，他不敢讓其他人知道，住院期間，除了家人外幾乎沒有人去醫院探視，曾文祺不但跑去看他們夫妻，還從高雄訂了好幾次食物調理包，送到吳教練家，給家裡的兩個年僅十二、三歲的兒子，在爸爸媽媽都不在家的時候，簡單加熱就可以吃飽三餐。

我聽了心頭感動發熱，以我有這樣的媒體同事為榮，雖然在報社時我們並不熟識，我離開報社多年後，仍從我的前同事身上，看到許多時報人曾經引以為傲的人味與溫度。

就因這個小故事，我覺得我不該再有理由推辭，接下了書寫的工作。幾次深入的訪談之後，我發現，吳教練口述的經歷，就已相當豐富生動，我只要據實平實的記錄整理，就是情節精采的生命故事。而且，從他的故事中，看到了那個世代許多人的共同處境和命運。

導演許哲嘉看過書的幾章初稿後說，這不是勵志書，這是人如何面對生命處境的人生對話。

為了真實呈現吳教練的生命故事，本書採用第一人稱自敘方式，並盡量保留吳教練的原始敍事口語。另為增加運動抗癌生命力見證，本書也收錄了與吳教練一起環臺的好幾位「不倒騎士」的經歷，分享他們的「抗癌配方」。

感謝文祺熱心引介二魚文化，讓本書有機會在今年十一月不倒騎士再次出發環臺前就能夠出版。二魚文化的主編亮瑩和桂寧，給予我們非常溫暖的協助，讓書的內容快速且有效的推展。哲嘉在影像和視覺上的協助，以及主題調性上的意見，都為這本書增加內涵和可讀性。世新學生「百希可」劇組以及攝影師撒舒優，提供了許多寶貴照片。

在吳教練木柵的家中，他把十五年前我的那一篇報導，護貝起來收藏在獎盃櫃裡。我很榮幸能在鬥士的長期奮鬥過程，記錄了某些可以讓人留下來的文字和影像。比這些文字和畫面更讓我難忘的是一種聲音。拍攝吳教練紀實片時，導演、攝影師和我三個人都發現，他跑步時，會發出一種特殊的重低音嘣嘣嘣，一種不知從身體或生命的哪一個位置，發出的穩定卻令人顫抖的節奏。

這個聲音重重的不停的鼓動著。今年五十七歲的吳興傳，每三個月要再回到醫院檢查，每天，他仍然不停的在跑。

社會關懷
無怨方向盤 陪著全盲選手跑向陽光
上山下海 引導牽繫 吳興傳這個「陪跑員」 在我國唯一全盲馬拉松賽跑選手張文彥身旁 發光發亮 扮演著快樂的「推手」

十五年前的剪報。

鬥士不倒，
繼續跑。

二魚文化・閃亮人生

B036	跑出生命力：不倒鬥士吳興傳	吳興傳、陳榮裕　著	定價 350 元
B035	流浪西貢一百天	廖雲章　著	定價 330 元
B034	矖恩愛：懷念秀麗	焦桐　主編	定價 250 元
B033	旅行，在世界的角落第 10 屆	外交替代役全體役男　著	定價 390 元
B032	玩跑人生：熱血與熱淚流作伙的生命進行曲	曾文祺　著	定價 280 元
B031	我在泰國教中文	秦如玫　著	定價 220 元
B030	單車西遊記：10 萬元環遊南歐 88 天	許文澍　著	定價 280 元
B029	最美的戰役：淡定・積極・重生	曹又方　著	定價 280 元
B028	人生處處是機會	李成家　著	定價 220 元
B027	愛戀肚皮舞：沈宜璇的中東夢	沈宜璇　著	定價 280 元
B026	2000 公里的單車夢	許文澍　著	定價 280 元
B025	高手的生命美學	劉麗紅　著	定價 220 元
B024	憂鬱症，就是這樣	李子玉　著	定價 220 元
B023	奪金人生	伊甸社會福利基金會　著	定價 280 元
B022	幸福指數海拔 4,000 尺：尼泊爾多波	艾珍　著	定價 280 元
B021	乘著輪椅去飛翔：伊甸人林錦川的希望之歌	林錦川　著	定價 200 元
B020	命運好好養	陳瑩珍　著	定價 220 元
B019	法蘭西時光	黃素琴　著	定價 240 元
B018	青春鐵馬向前行：馬英九的台灣單車日記	馬英九　著	定價 280 元
B017	成功の行	林書容　著	定價 200 元
B016	輪椅上的公主：追求幸福的旅程 < 增訂版 >	江偉君　著	定價 240 元

訂購方式

郵撥帳號：19625599

戶　　名：二魚文化事業有限公司

4 本以下 9 折，5 ～ 9 本 85 折，10 本以上 8 折（購書金額若未滿 500 元，需加收郵資 50 元）

二魚文化 · 文學花園

C120	是誰把部落切成兩半？	黃岡　著	定價 240 元
C119	味無味集	楊子葆　著	定價 280 元
C118	黑鑽石	曾湘綾　著	定價 250 元
C117	民國吃家：一個時代的吃相	二毛　著	定價 270 元
C116	路過的味道	楊明　著	定價 230 元
C115	回娘家曬太陽	鄭麗卿　著	定價 230 元
C114	瓦歷斯微小說	瓦歷斯 · 諾幹　著	定價 250 元
C113	文革記憶	駱英　著	定價 250 元
C112	細味臺中	劉書甫、蘇俐穎　著	定價 340 元
C111	臺灣女兒	呂政達　著	定價 280 元
C110	黑白閻連科：中篇四書　《卷四》	閻連科　著	定價 230 元
C109	黑白閻連科：中篇四書　《卷三》	閻連科　著	定價 190 元
C108	黑白閻連科：中篇四書　《卷二》	閻連科　著	定價 210 元
C107	黑白閻連科：中篇四書　《卷一》	閻連科　著	定價 230 元
C105	食色巴黎 Feast For Paris	林郁庭　著	定價 270 元
C104	兩代廚房	方秋停　著	定價 250 元
C103	從今往後	楊明　著	定價 300 元
C102	山居，鹿小村	楊麗玲　著	定價 260 元
C101	野有蔓草：野菜書寫	方梓　著	定價 230 元
C100	私想 Private Thoughts：性、愛、自由、幸福、痛苦、宗教、男人和女人的私密聯想	林沛理　著	定價 230 元
C099	時序在遠方	林餘佐　著	定價 220 元
C098	一個人的三條河	閻連科　著	定價 250 元
C097	當你失去親愛的人：走過悲傷的幽谷散文選	焦桐　主編	定價 270 元
C096	學歷遊戲：學校沒有教的事	楊寒　著	定價 250 元
C094	臺灣舌頭	焦桐　著	定價 320 元
C093	我的雲端情人	陳克華　著	定價 260 元
C092	文學理論倒讀	黃湯姆　著	定價 280 元
C091	餵松鼠的日子	安石榴　著	定價 390 元

二魚文化 · 文學花園

C089	海嘯	林宜澐　著	定價 270 元
C088	深夜的美式餐廳：少女小蜜的奇幻約會	楊寒　著	定價 230 元
C087	山海戀：「原住民飲食文學與文化國際學術研討會」論文集	焦桐　主編	定價 340 元
C086	我的金魚會唱莫札特	馬悅然、陳文芬　著	定價 250 元
C084	想像花蓮	陳黎　著	定價 290 元
C083	把拔的廚房食譜	楊寒　著	定價 240 元
C082	古早味	陳文榮　著	定價 260 元
C081	味蕾唱歌	愛亞　著	定價 230 元
C080	臺灣肚皮	焦桐　著	定價 380 元
C078	第九夜	駱英　著	定價 480 元
C077	茶香與美味的記憶	鄭培凱　著	定價 320 元
C076	舌頭的記憶	邱立本　著	定價 200 元
C075	新郎禮服	皮耶 · 勒梅特爾　著	定價 340 元
C072	北京伽藍記	釋永芸、岳紅　著	定價 380 元
C071	中國廚房	馬安　著	定價 380 元
C070	吃花的女人	高自芬　著	定價 280 元
C069	飯碗中的雷聲：客家飲食文學與文化國際學術研討會論文集	焦桐　主編	定價 350 元
C067	蝶道（修訂版）	吳明益　著	定價 320 元
C066	晾著	林宜澐　著	定價 280 元
C065	在世界的邊緣	焦桐　著	定價 180 元
C064	臺灣味道	焦桐　著	定價 380 元
C063	飲饌叢談	龔鵬程　著	定價 360 元
C062	焦桐詩集 (1980-1993)	焦桐　著	定價 240 元
C061	暴食江湖	焦桐　著	定價 300 元

二魚文化 · 魔法廚房

M061	歡樂節慶點心	王景茹、陳鴻源 著	定價 330 元
M060	節約快烹食堂	溫國智 著	定價 299 元
M059	宵夜快樂：低卡 · 快速 · 方便 · 美味	黃筱蓁 著	定價 320 元
M058	自然甜：食在安心低糖點心	廖敏雲 著	定價 320 元
M057	好男人愛下廚：親密共餐 95 道料理	李耀堂 著	定價 350 元
M056	健康北歐菜	謝一新、謝一德 著	定價 340 元
M055	平底鍋愛戀蛋糕：年輪蛋糕＆蛋糕卷	王安琪 著	定價 350 元
M054	健康美味豬：盤底朝天的夢幻豬料理	李耀堂 著	定價 300 元
M053	健康好食雞：低脂 · 美味 · 簡單 · 料理雞肉的秘技	蔡萬利 著	定價 350 元
M052	超省錢蔬菜料理：20 種耐放蔬菜烹調，完全不浪費！	黃筱蓁 著	定價 330 元
M051	正點臺菜新料理	陳兆麟 · 邱清澤 著	定價 340 元
M050	混蛋藝術：輕鬆變化蛋料理	蔡萬利 著	定價 320 元
M049	經典魚料理：阿倡師的 50 種烹魚藝術	李旭倡 著	定價 320 元
M048	就是要涼拌菜	蔡萬利 著	定價 300 元
M047	樂活甜心 OL 便當	蔡萬利 著	定價 300 元
M046	Home Brunch：享受女王般的早午餐	DEAN 等 13 位主廚 著	定價 300 元
M045	異國風素食料理	蘇鼎雅 著	定價 300 元
M041	水果創意料理	劉邦傳 著	定價 300 元
M040	新流和風料理	進藤顯司 著	定價 300 元
M035	台灣小吃料理王（中英對照版）	張國榮 · 曾文燦 著	定價 300 元
M034	廚神媽媽私房菜（中英對照版）	施胡玉霞 · 施建發 著	定價 300 元
M033	何麗玲之春天饗宴	何麗玲 · 林建龍 著	定價 300 元
M032	玩麵糰做點心	廖敏雲 著	定價 300 元
M031	小朋友蔬果大餐	楊碧芬 著	定價 350 元
M029	泰國料理	郭興忠 著	定價 300 元

二魚文化　閃亮人生　B036

跑出生命力——不倒鬥士吳興傳

作　　者　吳興傳、陳榮裕
責任編輯　廖桂寧
美術設計　費得貞
讀者服務　詹淑真

發 行 人　葉　珊
出 版 者　二魚文化事業有限公司
地址　106 臺北市大安區和平東路一段 121 號 3 樓之 2
網址　www.2-fishes.com
電話　(02)23515288
傳真　(02)23518061
郵政劃撥帳號　19625599
劃撥戶名　二魚文化事業有限公司
法律顧問　林鈺雄律師事務所

總 經 銷　大和書報圖書股份有限公司
電話　(02)89902588
傳真　(02)22901658

製版印刷　彩峰造藝印像股份有限公司
初版一刷　二〇一四年十一月
初版二刷　二〇一四年十一月
I S B N　978-986-5813-43-7
定　　價　350 元

題字篆印　李蕭錕

國家圖書館出版品預行編目(CIP)資料

跑出生命力：不倒鬥士吳興傳 / 吳興傳, 陳榮裕著. -- 初版. -- 臺北市：二魚文化, 2014.11
面；　公分. -- (閃亮人生；B036)
ISBN 978-986-5813-43-7(平裝)
1.吳興傳 2.臺灣傳記 3.大腸癌

783.3886　　103019626

二魚文化 讀者回函卡

讀者服務專線：（02）23515288

感謝您購買此書，為了更貼近讀者的需求，出版您想閱讀的書籍，請撥冗填寫回函卡，二魚將不定時提供您最新出版訊息、優惠活動通知。
若有寶貴的建議，也歡迎您 e-mail 至 2fishes@2-fishes.com，我們會更加努力，謝謝！

姓名：＿＿＿＿＿＿＿＿＿ 性別：□男 □女 職業：＿＿＿＿＿＿＿

出生日期：西元＿＿＿年＿＿月＿＿日 E-mail：＿＿＿＿＿＿＿＿＿＿＿＿＿＿＿＿

地址：□□□□□ ＿＿＿＿＿＿縣市＿＿＿＿＿＿鄉鎮市區＿＿＿＿＿路街＿＿＿段
＿＿＿巷＿＿＿弄＿＿＿號＿＿＿樓

電話：（市內）＿＿＿＿＿＿＿＿＿ （手機）＿＿＿＿＿＿＿＿＿＿

1. 您從哪裡得知本書的訊息？
□逛書店時
□逛便利商店時
□上量販店時
□朋友強力推薦
□網路書店（站名：＿＿＿＿＿＿＿）
□看報紙（報名：＿＿＿＿＿＿＿）
□聽廣播（電臺：＿＿＿＿＿＿＿）
□看電視（節目：＿＿＿＿＿＿＿）
□其他地方，是＿＿＿＿＿＿＿

2. 您在哪裡買到這本書？
□書店，哪一家＿＿＿＿＿＿＿＿
□量販店，哪一家＿＿＿＿＿＿＿
□便利商店，哪一家＿＿＿＿＿＿
□網路書店，哪一家＿＿＿＿＿＿
□其他＿＿＿＿＿＿＿＿＿＿＿＿

3. 您買這本書時，有沒有折扣或是減價？
□有，折扣或是買的價格是＿＿＿＿＿＿
□沒有

4. 這本書哪些地方吸引您？（可複選）
□內容剛好是您需要的
□價格便宜
□是您喜歡的作者
□封面設計很漂亮
□內頁排版閱讀舒適
□您是二魚的忠實讀者

5. 哪些主題是您感興趣的？（可複選）
□新詩 □散文 □小說 □商業理財 □藝術設計 □人文史地 □社會科學
□自然科普 □醫療保健 □心靈勵志 □飲食 □生活風格 □旅遊 □宗教命理 □親子教養
□其他主題，如：＿＿＿＿＿＿＿＿＿＿＿＿＿＿＿＿＿＿

6. 對於本書，您希望哪些地方再加強？或其他寶貴意見？

＿＿＿＿＿＿＿＿＿＿＿＿＿＿＿＿＿＿＿＿＿＿＿＿＿＿＿＿＿＿＿＿

＿＿＿＿＿＿＿＿＿＿＿＿＿＿＿＿＿＿＿＿＿＿＿＿＿＿＿＿＿＿＿＿

廣告回信
臺北郵局登記證
臺北廣字第02430號
免貼郵票

106 臺北市大安區和平東路一段 121 號 3 樓之 2

二魚文化事業有限公司 收

請沿線剪下後，對折以膠帶黏貼，免貼郵票，直接投入郵筒寄回！

閃亮人生系列

B036 跑出生命力

●姓名

●地址

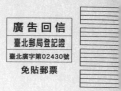

二魚文化